GUIARAMA COMPACT

AF277703

Asturias

por **Javier Martínez Reverte**

ANAYA
TOURING

Autores: **Javier Martínez Reverte, Iñaki Gómez, Juan José Plans, Juan Carlos Alonso** y equipo editorial **Anaya Touring**. Responsable de proyecto: **Esther García González**. Actualización y edición: **Isabel Jiménez**. Equipo técnico: **David Lozano** Cartografía: **ANAYA Touring**. Diseño de colección: *marivíes*

Fotografías: **Anaya**: Candel, C.: 92; **Grupo Anaya**: 111, 112 a y b; **Martín, Joseph**: 41 a, b y c, 94 a y b; **Ortega, Á.**: cabecera Visita a Oviedo, 48, 66, 97 a y b, 115 a y b, 117; **Padura, Sergio**: 45 a; **Rivera Jove, V.**: 120 a; **Dreamstime**: Alvarez García, Ricardo: 6-7, 34; Bsanchezsobrino: 83; Doodeez: 62; Dzyuba, Sergey: 53 b; Filimonov, Iakov: 28-29; Frontera, Miguel: 42; Fotokon: 11 a; Gorshkov, Dmitrii: 90; Imag3: 107 b; Jjfarq: 10; Saiko3p: 56-57. **Istockphoto**: Alvarez Esteban, Jose Luis: 78 c; apomares: 54-55; Archeophoto: 120 c; bbsferrari: 84; DieterMeyrl: 16-17; doble-d: 11 b, 118-119; howell, samuel: 25; IMAG3S: 78 b, 104; Laura M: 81 a; Llamazares: 80; makasana: 63; quintanilla: 115 c; Rodríguez Moronta, Juan Ignacio: 12-13; saiko3p: 60, 68-69; Sima_ha: 67; Solovyova: 24-25; StockPhotoAstur: cabecera 10 indispensables, 95, 100-101, 105, 120 b; Studioimagen73: 126; Wirestock: 72-73; World photo: 45 c. **Shutterstock**: ABB Photo: cabecera Dónde; ajdelgado: 88; Algar, Ricardo: 35; barmalini: 15; bepsy: 22-23; Charlez, Carlos: cabecera Excursiones; Chica, Jon: 107 a; cineuno: 2; csp: 110; Dzyuba, Sergey: 21; Geel, Hans: 38; imag3s 4 U: 8-9, 106; Janyst, Lukasz: 103; jorisvo: 37, 46, 49; Junge, Fabian: 53 a; LucVi: 43; lunamarina: 26-27, 70-71; Migel: 84-85; Pereiras, David: 50-51, 79; peresanz: 78 a; pregnolato, attilio: 109; Ramiro Laguna, J.: 93; Ramon Espelt Photography: 85; Rokhin, Valery: 45 b; Rubio Marcos, Santiago: 91 b; Ruiz Villar, Hector: 61; saiko3p: 113; Sanchez, Jose Miguel: cabecera Vista a Gijón; sierra, paula: 19; Soutullo, Miguel: 64-65; StockPhotoAstur: 81 b, 91 a; Studioimagen73: 82; vale sousa, rui: 33 a y b; VSM Fotografia: 96; vsrrey: 87.

14ª edición: febrero 2024

Reservados todos los derechos. El contenido de esta obra está protegido por la Ley, que establece penas de prisión y/o multas, además de las correspondientes indemnizaciones por daños y perjuicios, para quienes reprodujeren, plagiaren, distribuyeren o comunicaren públicamente, en todo o en parte, una obra literaria, artística o científica, o su transformación, interpretación o ejecución artística fijada en cualquier tipo de soporte o comunicada a través de cualquier medio, sin la preceptiva autorización.

© Grupo Anaya, S. A., 2024
  Valentín Beato, 21.
  28037 Madrid

Depósito legal: M-35334-2023
ISBN: 978-84-9158-730-9
Impreso en España-Printed in Spain

PAPEL DE FIBRA
CERTIFICADO

La información contenida en esta guía ha sido comprobada antes de su publicación. Pero dado el carácter variable de algunos datos, como horarios de visita o precios, los editores declinan toda responsabilidad por las molestias que pudieran ocasionar a los usuarios de la guía y agradecen de antemano las sugerencias y aportaciones que ayuden a mejorarla.
En **guiasdeviajeanaya.es**, la página web de Anaya Touring, se puede consultar nuestro catálogo de publicaciones.

Contenido

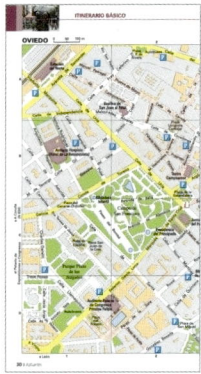

Cómo usar
esta guía

Antes del viaje

Se sugiere la lectura de los **Diez Indispensables** (de la página 7 a la 25), artículos sobre la naturaleza, la historia y las gentes de Asturias escritos por el autor Iñaki Gómez.

Para quienes opinan que la **gastronomía** es uno de los atractivos del viaje, la sección del mismo nombre (página 120) ofrece una visión bastante completa de aquellas especialidades asturianas que pueden despertar la curiosidad del viajero.

Durante el viaje

En los apartados dedicados a las ciudades de **Oviedo** y **Gijón** (de la página 27 a la 69) se describen estas localidades, proporcionando una información detallada de los lugares de mayor interés. Los planos que aparecen en las páginas 30-31 y 58-59 pueden ser de gran utilidad para realizar los desplazamientos por estas ciudades.

Excursiones por Asturias

Bajo el epígrafe **Excursiones por Asturias** (de la página 71 a la 117) se ofrecen varias excursiones de un día, que son otras tantas alternativas para visitar aquellas zonas que tienen un singular valor histórico, paisajístico o monumental.

El **mapa de carreteras** (de la página 74 a la 76) será una gran ayuda para recorrer el Principado.

La hora de comer (y cenar)

Dentro del capítulo titulado **Dónde** se incluye una amplia selección de restaurantes por localidades, calidades y precios.

En esta misma sección se facilita también información sobre un buen número de actividades con las que ocupar el tiempo libre que van desde las fiestas de las principales localidades, a otras como alojamientos, fiestas, compras, transportes...

Use los índices

Al final de la guía encontrará un índice de lugares de interés que permite localizar con facilidad las páginas en las que hay alguna información de utilidad.

Planificación del viaje

En función del tiempo del que se disponga, puede conseguirse el máximo provecho a la estancia siguiendo las sugerencias siguientes:

Una semana. Visite las ciudades de Oviedo y Gijón siguiendo los itinerarios urbanos que se proponen en esta guía. Elija, de entre las excursiones propuestas, las que le resulten más atractivas. Para comer, siga los consejos de la sección **Gastronomía** y **Restaurantes**.

Fin de semana. Si no desea salir de la ciudad de Oviedo recorra los itinerarios urbanos propuestos. En otro caso, haga solo la visita al itinerario básico y seleccione una excursión, entre las que se proponen, a algún punto de la Comunidad. La lista de restaurantes de esta guía le será de gran utilidad.

Unas horas. Si está de paso en la ciudad y dispone solo de unas horas, visite el recinto histórico antes de comer o cenar.

Clasificación por estrellas

La mayoría de los lugares descritos en el libro se han clasificado por su grado de interés como sigue:

✱✱ Visita obligada
✱ Interesante

SÍMBOLOS UTILIZADOS

A lo largo de la guía se han utilizado símbolos sencillos y claros para indicar las siguientes categorías:

- 🛈 información turística
- ⊙ referencia a los planos
- ✉ dirección o localización
- ☎ número de teléfono
- 🖥 página web
- ⊙ horario
- 🖃 precio
- ❗ información de interés

SIGNOS CONVENCIONALES EN LOS PLANOS

🟫 Edificios de interés turístico		🟨 Vías rápidas
🟩 Parques y jardines		▨ Calles peatonales
🛈 Información turística		🅿 Aparcamientos

10

Indispensables

Paraíso natural

El enunciado promocional en esta ocasión se ajusta a la realidad, ya que Asturias destila naturaleza en estado puro. Un paraíso muy terrenal con montañas, valles angostos y por todas partes bosques humedecidos por la bonanza de un clima atlántico que ha levantado auténticos monumentos naturales. Arte vivo donde reinan hayas, tejos, robles, abedules, acebos y laureles junto a una fauna cada vez más protegida y amenazada.

Y es que la naturaleza de Asturias ha moldeado su historia con unas fronteras delimitadas entre mar y montaña que han preservado inalterables costumbres y leyendas. Un tercio del territorio astur está bajo protección ecológica con figuras que incluyen un parque nacional, un área marina protegida, cinco parques naturales, diez reservas naturales, once paisajes protegidos y cuarenta monumentos naturales. Cinco de ellos están declarados Reserva de la Biosfera por la Unesco.

El elenco es uno de los más extensos de España por comunidades y el más completo centrado

en una sola provincia. Cada uno de los espacios protegidos tiene una personalidad propia formando un mosaico de enorme fuerza vital que encarna la naturaleza en toda su diversidad.

Casos excepcionales son el Parque Nacional de los Picos de Europa, que tiene su capítulo aparte, o la Reserva Natural Integral de Muniellos, que ostenta la distinción de ser la más importante de Europa y que sintetiza en un único espacio toda la riqueza del ecosistema asturiano. De su flora y también de una fauna libre que mora en riscos, torrentes y bosques de hayas y robles. Osos, urogallos, lobos, zorros, nutrias, corzos, rebecos y jabalíes junto a otros representantes de la fauna asturiana como los salmones que remontan los ríos y dan lugar a tradiciones como la pesca del *campanu* o la raza autóctona de caballos asturcones que viven en semilibertad y que ya eran citados por los historiadores romanos.

Un medio natural cargado también de leyendas que han forjado un imaginario colectivo con criaturas que remiten a fenómenos climáticos como nuberus o ventolines, o a seres fabulosos como la *Xana*, el *Cuélebre* o el *Trasgu*, y que en su calidad de habitantes de Asturias están también encantados de vivir en un auténtico paraíso.

▼ Parque Natural de Las Ubiñas-La Mesa.

Oviedo

2

El concejo en el que se asienta la capitalidad del Principado se halla en el centro geográfico de la región, donde mantiene su esencia de ciudad comercial cada vez más cosmopolita.

Info

🛈 **Centro de Información Turística del Principado de Asturias**
✉ Plaza de la Constitución, 4.
☎ 984 493 563.
🌐 www.visitoviedo.info
www.turismoasturias.es

Oviedo cada día es más cosmopolita por influjo de su prestigioso campus universitario, eventos como los Premios Princesa de Asturias y unas actuaciones urbanas que la han dotado de un alto nivel de infraestructuras y que incluye la peatonalización de muchas de sus calles y la rehabilitación de viejos edificios. Una ciudad que invita al paseo con muchas propuestas de rutas urbanas. La primera es la que adentra al viajero en el laberinto de piedra del casco viejo, llamado "el Antiguo", que se puede iniciar en la Corrada del Obispo para seguir por la plaza del Paraguas, Trascorrales, calle Mon, y terminar en la plaza de Alfonso II el Casto, dominada por la mole de la catedral, donde es obligado descender a la cripta de Santa Leocadia, bajo la Cámara Santa. Son muchos los elementos del patrimonio ovetense que sorprenden al visitante, como el ampliado edificio del Museo de Bellas Artes.

Otro lugar de referencia al que siempre llega el viajero es la rehabilitada plaza del Fontán, que después de haber sido el lugar de las tradiciones que imponía uno de los más populares mercados de Asturias es ahora felizmente un espacio de fachadas saneadas que enmarcan uno de los espacios de bares y terrazas más demandadas por los ovetenses.

La ciudad también ofrece otros recorridos, como el Oviedo literario, con la ruta de *La Regenta,* del escritor Leopoldo Alas Clarín, y escenarios de otras novelas inolvidables de Palacio Valdés, Ramón Pérez de Ayala o García Pavón.

Imprescindible es el recorrido del prerrománico, uno de los más importantes del mundo, para el que hay que desplazarse a las afueras en dirección a Santa María del Naranco, San Miguel de Lillo, Santullano o San Julián de los Prados.

Pero siempre hay que volver a la ciudad para pasearla por sus calles peatonales y descubrir elementos del paisaje urbano, como el gran número de esculturas y estatuas que hace de Oviedo una de las urbes más ricas en estos mobiliarios urbanos. Una de las más celebradas es la del ahora denostado Woody Allen, pero no conviene olvidar notables obras de Hugué, Botero, Úrculo, Noja, Berrocal, Sempere o Víctor Hevia.

Esculturas y viejos edificios de piedra que se pueden ir descubriendo con las necesarias paradas para descansar y refrescarse en bares, *chigres* y sidrerías que, según pica el gusanillo, descubren que Oviedo es también una ciudad gastronómica donde se localizan algunos de los mejores restaurantes de una región muy laureada en temas culinarios.

Y no citaremos otras actividades que la noche ovetense propicia en una intensa vida noctámbula que ofrece sitios para todos. El Antiguo, favorecido por su carácter peatonal, concentra lo más intenso con mezclas de estilos, modas y tendencias que en todos los casos tienen en común prolongar la fiesta hasta altas horas de la madrugada.

◄ Ciudad *vetusta* y
▼ moderna a un tiempo, Oviedo conserva sus viejos rincones, exhibe sus numerosas esculturas y puede alardear de su vanguardista Palacio de Exposiciones y Congresos, obra de Santiago Calatrava.

Gijón

3

El orden que se establece corresponde solo a título de inventario y el hecho de que Oviedo vaya antes se debe a que ostenta la capitalidad del Principado. Hay que huir de cualquier trampa que pretenda establecer una disyuntiva entre las dos grandes ciudades asturianas, sin menospreciar tampoco a Avilés, y sencillamente visitar las tres para disfrutar del contraste.

Info

ℹ Infogijón
✉ Casa Paquet.
Plaza Fermín García Bernardo, s/n.
☎ 985 341 771.
🌐 www.gijon.es

ℹ La Escalerona
✉ Escalera nº 4 de la Playa de San Lorenzo.
☎ 985 341 771.
🕐 Abierta en temporada alta.

Gijón es una perfecta combinación de tierra, mar y horizonte. Fue un acierto fijar como una seña de identidad de la ciudad la obra *Elogio del horizonte* como símbolo de adiós y de bienvenida y a la vez alegoría de un juego luminoso que Gijón parece establecer entre el agua, el cielo y la tierra en ese litoral rendido a la brisa marina. El *Elogio* de Eduardo Chillida define a Gijón saludando desde el cerro de Santa Catalina, junto a ese barrio marinero de callejuelas estrechas y casas de pescadores donde nació la ciudad y donde se mantiene todo el sabor de los viejos puertos cantábricos. En Cimavilla, por tanto, comienza el mejor recorrido por la ciudad. Primero sintiendo los efectos tonificantes de la salada brisa marina junto a la obra de Chillida y más tarde el no menos rejuvenecedor regalo de la sidra bien escanciada en alguno de los muchos bares del barrio. Porque Gijón enamora el alma con su luz y satisface necesidades más directas con una completa oferta de cultura, ocio y gastronomía.

La ciudad de Gaspar Melchor de Jovellanos propone recorridos a través de las huellas de su historia, empezando por el barrio de Cimavilla y los hitos que fue dejando en él el más ilustre hijo de la ciudad que hizo que se acuñara el dicho "Gijón debe el mar a Dios y el resto a Jovellanos". Son notables también las rutas del románico, del modernismo o de las huellas industriales. Todas sirven perfectamente para adentrarse en la historia y la cultura de una ciudad apacible durante el día, acostumbrada al ritmo que marca el tranquilo deambular por el paseo del Muro desde la iglesia de San Pedro hasta el río Piles, la calle Corrida o el paseo de Begoña.

Una ciudad que por la noche evoluciona para convertirse en una urbe vital, repleta de ambiente en distintas zonas, Cimavilla de nuevo, Fomento, la Arena o Capua. La animación de una ciudad repleta de espectáculos con un calendario lleno de actividades culturales como la *Semana Negra* o el *Festival de Cine* que son solo dos momentos más del año, ya que la ciudad es siempre hospitalaria y está preparada para dar una gran bienvenida al visitante como anuncia su *Elogio del horizonte*.

▼ Puerto deportivo de Gijón.

Picos de Europa

4

El Parque Nacional de los Picos de Europa, declarado Reserva de la Biosfera en 2003, extiende el 38% de su territorio por seis concejos del Oriente de la región.

Info

ℹ Centro de Visitantes "Pedro Pidal"

✉ Lagos de Covadonga (Cangas de Onís).

☎ 985 848 614.

🌐 https://parquenacionalpicos europa.es

🕐 Abre en verano, Semana Santa, puentes y festivos nacionales.

Tienen entidad propia dentro de la riqueza paisajística del Principado por ser el escenario portentoso de desfiladeros, lagos, afilados picos y valles poblados por bosques de hayas y robles, que son refugio favorito de una fauna libre que incluye osos, rebecos, urogallos, buitres y águilas reales. Obligado es recordar que comparte espacio con León y Cantabria, pero hay que destacar que el parque de mayor extensión del país tiene sus mejores tesoros guardados en territorio asturiano, con ejemplos como los lagos de Enol o el emblemático Naranjo de Bulnes. Los Picos tienen además el privilegio de haber sido el primer espacio protegido español después de que en 1918 Alfonso XIII asignara esta distinción al antiguo Parque Nacional de la Montaña de Covadonga.

Los Picos de Europa son la mayor formación caliza de Europa por efecto de un proceso cárstico de más de 300 millones de años en el que el hielo y el agua han forjado la actual topografía de montañas que superan los 2.500 m y simas con más de 1.000 m de profundidad. El parque cuenta con tres áreas delimitadas por los ríos Dobra y Deva, mientras que el Cares y su afluente el Duje son los encargados de distribuir los tres macizos interiores: el Occidental o del Cornión, el Central o de los Urrieles y el Oriental o de Andara. En el Central se hallan las cumbres más elevadas, donde se eleva el pico del Naranjo de Bulnes, también conocido como el Picu Urriellu, con 2.519 m de solemne belleza.

Este territorio central tiene a Las Arenas de Cabrales como campamento base para llevar a cabo excursiones en rutas como las del Cares o en búsqueda de rincones escondidos como Sotres, Camarmeña y el bucólico pueblo de Bulnes al que se puede acceder mediante un funicular. Igualmente solemne es el más occidental de los macizos: los picos del Cornión cuya base es Cangas de Onís y el Real Sitio de Covadonga, donde se forjó la legendaria historia de Asturias.

Un espectáculo natural en el que también se transmiten siglos de historia marcada con huellas imborrables en pueblos, aldeas y caminos hasta conformar uno de los paisajes que mejor resumen la esencia de la tierra asturiana.

▶ Picu Urriellu o Naranjo de Bulnes, en el Parque Nacional de los Picos de Europa.

El occidente asturiano

5

El definitivo cierre de la autovía A 8 ha terminado por poner a tiro de piedra el territorio situado en el extremo occidental del Principado. Entre la desembocadura del río Eo y la comarca vaqueira se tiende un espacio de hondas tradiciones cuajado de recoletas playas, casonas indianas y pintorescos puertos pesqueros.

El litoral de Asturias ofrece 345 km de la costa española más abierta en una sucesión de acantilados, playas y pequeños puertos pesqueros sin apenas rías o ensenadas, donde la montaña siempre llega hasta el mar.

El occidente es uno de los entornos más privilegiados de esa simbiosis de mar y de montaña con unas villas con todo el sabor marinero como Cudillero, Luarca, Tapia de Casariego o Viavélez, mientras que el interior guarda inolvidables aldeas de montaña instaladas junto a unos ríos de aguas bravas y recorrido breve pero intenso. Conviene desviarse de la carretera que recorre los suaves perfiles de la rasa costera para llegar hasta los acantilados que abruptamente caen sobre el mar y contemplar panorámicas como las que se obtienen en cabos como los de Busto y Vidio o junto a las playas de la Concha de Artedo y de Cadavedo. Mención especial merece en esta parte del territorio asturiano el Paisaje Protegido de la Cuenca del Esva, con soberbios rincones de gran riqueza forestal como las hoces, el propio río cuyas excelentes condiciones ecológicas permiten que proliferen truchas, nutrias y salmones, o zonas de montaña como la Braña de Aristébano famosa por la boda vaqueira que se celebra a finales de julio.

El recorrido por el occidente asturiano es de esta forma una sucesión de entradas y salidas de la costa al interior a través de ríos como el Navia, Ibias o Narcea en busca de bosques y paisajes de montaña como los Oscos o reservas naturales como las de Muniellos y Barayo.

Lugares donde se pueden encontrar dólmenes milenarios, practicar surf o batear para buscar oro en un recorrido que llega hasta los límites con Galicia en ese otro entorno privilegiado que favorece la ría del Eo. Se trata de un ecosistema de marisma y estuario considerada la principal área asturiana de invernada y reposo migratorio de aves acuáticas. Es también lugar donde destacan por su encanto entrañable las villas de Figueras y Castropol de estrechas y empinadas calles cuyas siluetas se reflejan majestuosas sobre la desembocadura del Eo.

▼ Playa de La Gueirúa, cerca de Cudillero.

La cuenca minera

6

El territorio que se extiende por las cumbres de los concejos de Mieres, Langreo, San Martín del Rey Aurelio y Laviana, ofrece una excelente combinación de riqueza natural y patrimonio industrial y minero. Un destino incorporado definitivamente a las rutas turísticas del Principado.

Info

Museo de la Siderurgia de Asturias (MUSI)
- ✉ Ciudad Industrial Valnalón. Altos Hornos, s/n. La Felguera (Langreo).
- ☎ 985 678 477.
- 🖥 www.museodela siderurgia.es
- 🕐 En temporada alta, de martes a sábado de 10 h a 14 h y de 16 a 19 h; domingo de 10 h a 14 h; lunes cerrado. Resto del año de viernes a domingo.
- 🎫 3 €.

Museo de la Minería y de la Industria (MUMI)
- ✉ San Vicente, s/n. El Entrego.
- ☎ 985 663 133.
- 🖥 www.mumi.es
- 🕐 De noviembre a febrero: de martes a sábado de 10 h a 14 h y de 16 a 19 h; domingo de 10 h a 14 h. De marzo a octubre: de martes a domingo de 10 h a 14 h y de 16 a 19 h.
- 🎫 9,50 €. Niños: 6 €.

El final de la actividad minera en las montañas centrales de Asturias ha deparado unos recursos histórico-culturales sacados de un importante capítulo de la historia industrial que habla de trabajo, esfuerzo y sacrificio. Son también raíces de la memoria asturiana y parte de su paisaje vital en un impresionante marco geográfico con varios concejos clave en la historia minera asturiana. En ellos se localizaban las explotaciones más relevantes desde que a finales del siglo XIX se disparara la demanda de carbón para la naciente industria siderúrgica hasta que en el último tercio del XX entrara en declive con el cierre sucesivo de los distintos pozos y quedar solo como un vestigio del pasado en forma de arqueología industrial. Una parte crucial de la historia asturiana queda reflejada en el poblado minero de Bustiello donde a modo de centro de interpretación se muestra la vida del minero de un pueblo industrial construido en 1890. Una vida con un trabajo duro, como se puede también apreciar en Langreo, uno de los municipios en los que había una mayor actividad minera con pozos legendarios como el María Luisa y donde se puede visitar el Museo de la Siderurgia o el Ecomuseo del Valle de Samuño El Entrego, con su Museo de la Minería y de la Industria, que cuenta con el honor de ser uno de los más visitados de Asturias. Y el Pozo Sotón, en el concejo de San Martín del Rey Aurelio.

Los ríos Nalón y Caudal vertebran este territorio de explotaciones mineras, que al irse agotando recuperaron una cierta identidad campesina, especialmente en su curso alto, que recuerda que no hay que asociar las cuencas mineras con una imagen de entorno natural arrasado y poblaciones en crisis. Existen también parajes naturales en la mejor línea del ecosistema asturiano, notables piezas del patrimonio histórico astur como la casa del novelista Armando Palacio Valdés, la iglesia de San Nicolás con portada románica y el llamado puente romano de época medieval de Villoria. Es también tierra con notables ejemplos de la gastronomía asturiana con platos como las cebollas rellenas de El Entrego, el pote de nabos de Sotrondio o las famosas *casadielles* del concejo de Caso.

La sidra

Con permiso de la fabada y el queso de Cabrales, la sidra es el principal elemento distintivo de la gastronomía del Principado.

No hay bebida más asturiana que el zumo de manzana fermentado, la sidra, manifestación de la cultura astur de tal intensidad que supera el propio concepto de bebida y se instala en el mismo patrimonio del Principado con usos y costumbres sobre su degustación, la convivencia que genera en *chigres* y sidrerías e incluso el vocabulario que su consumo ha creado a lo largo del tiempo. Son motivo de discusión apasionada las noticias sobre su precio o las nuevas normas reguladoras del preciado líquido dorado que curiosamente carecía de Consejo Regulador hasta el año 2002 cuando fue creada la DO Sidra de Asturias y que desde 2018 lucha por ser declarada Patrimonio Cultural Inmaterial Mundial por la Unesco.

Su consumo está extendido por toda la región, pero el olor a manzana impregna especialmente los concejos centrales de Villaviciosa, Gijón, Nava, Carreño, Gozón y Sariego, donde se ubican los principales *llagares* y las más extensas pomaradas. Cualquier época del año es propicia para visitar las zonas sidreras, pero a principios del otoño, cuando más bello es el paisaje asturiano, los manzanos rebosan de frutos y los *llagares* se preparan para el *mayado* ("triturado").

Otro de los atractivos de la sidra es el ritual que acompaña su degustación con el escanciado, al que se denomina *tirar* la sidra, sobre el vaso inclinado para que rompa y se produzca una efervescencia que en Asturias le dicen *fervor*. El ritual revela que la ración, un *culín* o culito, no debe ser superior a los dos dedos para que de esa forma puedan servirse por cada botella seis vasos que han de beberse de un trago sin apurarlos del todo, dejando un resto que se arroja al suelo, o al cubo de madera preparado al efecto, mientras se hace algún comentario elogioso sobre la calidad del producto. Un "ta bono" o "ta de pistón" serán suficientes elogios para animar a seguir catando una bebida que ofrece otras posibilidades para el viajero al poder descubrir lugares como el Llagar Trabanco, el mayor productor de sidra natural del Gijón rural, donde se pueden conocer a fondo los métodos tradicionales de producción; el complejo en Villaviciosa de la empresa Sidra el Gaitero; el moderno Museo de la Sidra de Nava; o la pomarada de La Rebollar, en Sariego, que en un entorno de robledales está considerada la finca de manzanos más extensa de Asturias.

7

Info

Museo de la Sidra
- Pza. Príncipe de Asturias, s/n. Nava.
- 985 717 422.
- www.museodelasidra.com
- En invierno, de martes a viernes de 12 h a 15 h y de 17 h a 20 h; sábado de 12 h a 16 h y de 17.30 h a 21 h; domingo, de 12 h a 15 h. En verano, martes, de 13 h a 15 h y de 17 h a 20 h; de miércoles a sábado, de 12 h a 15 h y de 17 h a 21 h; domingo de 13 h a 15 h y de 18 h a 21 h.
- 4 €.

El prerrománico asturiano

8

Conocido también como arte asturiano, sin más matices, el prerrománico astur es la muestra del esplendor de un reino independiente durante 200 años y la principal aportación del Principado a la historia del arte universal.

Info

San Julián de los Prados

- ✉ Selgas, 2 (Barrio de Santullano, Oviedo).
- ☎ 687 052 826.
- 🖱 www.sanjuliandelosprados. com
- 🕐 Visitas guiadas cada 45 minutos.
- 💶 4 €.

Santa María del Naranco y San Miguel de Lillo

- ✉ Monte Naranco. Oviedo.
- ☎ 638 260 163.
- 🖱 www.santamariadel naranco.es
- 🕐 De abril a septiembre, de martes a sábado de 9.30 h a 13 h y de 15.30 h a 19 h; domingo y lunes, de 9.30 h a 13 h.
  De octubre a marzo, de martes a sábado, de 10 h a 14.30 h; domingo y lunes, de 10 h a 12.30 h.
- 💶 4 €.

◈ **Patrimonio Mundial Unesco (1985)**

Una aportación que ha sido reconocida por la Unesco como Patrimonio de la Humanidad con muestras localizadas en un marco geográfico que supera los límites actuales del Principado y que incluye zonas de Cantabria, Galicia y León. Se trata de la huella de la monarquía asturiana fundada en el siglo VIII tras la invasión musulmana hasta el traslado de la capital del reino a la ciudad de León. Unas formas artísticas innovadoras y originales que supieron combinar elementos artísticos visigodos, bizantinos, carolingios y mozárabes para crear un arte propio que tiene en la arquitectura su principal manifestación, pero que también incluye otros terrenos artísticos como escultura, pintura y orfebrería. Un estilo en el que se mezcla rusticidad y refinamiento, que necesitó de técnicas arquitectónicas pioneras dada su tendencia a erigir edificios cuya altura era dos veces superior a la anchura de la nave central y cuyo elemento distintivo eran las llamadas cámaras altas situadas en la cabecera de las iglesias.

Las principales muestras del prerrománico asturiano se localizan en el área próxima a Oviedo, con ejemplos que en el caso del primer periodo incluyen Santa María de Bendones, San Pedro de Nora y la Cámara Santa de la catedral ovetense. También en Oviedo se encuentra San Julián de los Prados o Santullano, el edificio completo más antiguo, de mayor tamaño y acaso más equilibrado del arte asturiano.

El momento más productivo del estilo se registra, sin embargo, en el período de Ramiro I, considerado la época de máximo esplendor de la monarquía, cuando se llevan a cabo obras maestras como Santa María del Naranco y San Miguel de Lillo, en las faldas del monte Naranco, y Santa Cristina de Lena.

En el concejo de Villaviciosa cabe destacar la iglesia de San Salvador de Valdediós, conocida como el Conventín, obra maestra del reinado de Alfonso III. No lejos de la ría de Villaviciosa, San Andrés de Bedriñana tan solo ha conservado la estructura de la planta y una ventanita con alfiz. Aunque tardía, en un desvío camino de Santander, San Salvador de Priesca puede adscribirse a la fase final del prerrománico asturiano. La última cita con este arte aguarda en Colunga, donde se encuentra la iglesia de Santiago de Gobiendes.

▶ Santa María del Naranco.

El oriente asturiano

9

Es el territorio en el que la montaña más se acerca al mar formando un paisaje exuberante de contrastes verdes y azules.

Una porción de Asturias que se inicia junto a Colombres, donde reside el Archivo de Indianos, y que prosigue en la estrecha franja costera de singular belleza que facilita la cercana sierra del Cuera. Este macizo, dependiente de los Picos de Europa, que discurre paralelo al litoral es un cordal de roca caliza en el que destacan el Mazucu como paraje de gran belleza junto al Turbina que es su cota máxima.

En la costa, el verde de los prados se funde junto a playas que se esconden en ocasiones en pequeños fiordos o en ensenadas donde no es difícil que los acantilados, agujereados por la erosión, expulsen chorros de agua pulverizada cuando el Cantábrico está enfurecido en un estruendo que ha sido bautizado como bufones. Ese privilegiado tramo de litoral

▼ Playa de Cuevas del Mar, en Nueva de Llanes.

cuenta con encantadores rincones como Niembro, Poo, Buelna o Nueva pertenecientes al concejo de Llanes, cuyas playas, magnífica Torimbia, se encuentran entre las mejores de Asturias.

El río Sella, escenario a primeros de agosto de la fiesta de las piraguas, separa la sierra del Cuera de ese otro balcón sobre el Cantábrico que es la sierra del Sueve, desde donde se dominan las localidades de Colunga, Caravia, Piloña, Parres y Ribadesella. Otro paisaje de montaña que prácticamente sale del mar con mirador de excepción en el Fito y uno de los últimos refugios del asturcón, el mítico caballo astur cuya robustez se antoja una adaptación natural a la reciedumbre del paisaje asturiano.

El oriente de Asturias presenta también un importante legado de antiguos pobladores como el Ídolo de Peña Tú o las cuevas de Tito Bustillo o de El Buxu, sin perder de vista un ejemplar repaso por la arquitectura popular y noble asturiana con buenos ejemplos de casonas, hórreos, palacios de indianos, ermitas y molinos de agua.

Info

Cueva de El Buxu
- Cardes (Cangas de Onís).
- 608 175 467.
- Abre todo el año. Cierra lunes y martes. Imprescindible reserva previa (horario de reserva de miércoles a domingo de 15 h a 17 h).
- 3,13 € (miércoles gratuito).

Centro de Arte Rupestre de Tito Bustillo
- Ardines (Ribadesella).
- 985 185 860.
- www.centrotitobustillo.com
- Centro de Arte Rupestre: 5,45 €. Cueva de Tito Bustillo: 4,14 € (imprescindible reserva previa). Miércoles día de acceso gratuito.

El Camino de Santiago en Asturias

10

Menos conocidas y transitadas que el Camino Francés, dos rutas jacobeas de gran importancia histórica transcurren por el Principado: los llamados Camino Primitivo y Camino de la Costa, que forman parte del Camino Norte a Santiago. Estos itinerarios, así como el enlace entre ambos, han recibido un importante impulso al ser declarados Patrimonio Mundial en 2015.

Info

◈ **Patrimonio Mundial Unesco**

Poco a poco el Primitivo Camino a Compostela va recobrando la importancia que tuvo siglos atrás. Las mejoras en la infraestructura, albergues y señalización de la ruta le convierten en una perfecta alternativa al masificado Camino Francés.

La vinculación de Asturias al Camino de Santiago está fuera de duda toda vez que en los albores del siglo IX fue el monarca Alfonso II el Casto quien inauguró la más antigua ruta de peregrinación jacobea al conectar la ciudad de Oviedo con Compostela a través de las tierras interiores de la Asturias occidental. Esta ruta perdería importancia a favor del Camino Francés a pesar de que entre los siglos XI-XIII el culto a San Salvador de Oviedo animó a muchos peregrinos a desviarse en León para acudir

por el puerto de Pajares a venerar el relicario de la Cámara Santa. A este primitivo trayecto se unían los diferentes ramales costeros utilizados por los peregrinos que llegaban a los puertos cantábricos procedentes del norte de Europa. La tradición, por tanto, ha modelado en Asturias dos trazados principales del Camino de Santiago.

Un Camino Primitivo que atraviesa montañas cubiertas de bosques de hayas y extensas praderas, donde los peregrinos fueron dejando toponimias jacobeas en sendas, veredas y hospitales en su vertiginoso descenso desde Pajares hasta Oviedo. La ruta pasa por localidades con impronta medieval como Mieres del Camino, Ujo o Villallana en un territorio que comparte protagonismo con el paisaje descrito en la cuenca minera. El recorrido de vuelta al Camino Francés se llevaba a cabo por el monasterio de Santa María la Real de Obona, Tineo, Pola de Allende y Grandas de Salime, desde donde se acomete la lenta ascensión al puerto del Acebo que marca la divisoria natural entre Asturias y la provincia de Lugo.

La Ruta de la Costa recorre el litoral entre el Deva y el Eo en un itinerario enmarcado entre el mar y la montaña que se encarga de repasar la práctica totalidad de las villas marineras asturianas donde se pueden observar numerosas huellas dejadas por los peregrinos compostelanos a lo largo de los siglos. Este ramal contempla también un posible desvío en Villaviciosa para visitar las reliquias de la catedral de Oviedo.

▼ Camino de Santiago a su paso por la costa asturiana.

Visita a Oviedo

▌ Planificación de la visita

Para conocer Oviedo, a continuación se sugiere, un recorrido o **Itinerario básico**, que se puede prolongar, si el tiempo lo permite, con la visita a **Otros lugares de interés** y la inexcusable ascensión al cercano **monte Naranco**, donde se encuentran dos de las principales muestras del arte prerrománico asturiano.

El **plano** de las págs. 30-31 le será de gran utilidad para realizar los recorridos urbanos.

El símbolo ⓦ remite a la localización de los lugares y monumentos en el plano.

Las estellas (**✳** o **✳✳**) que acompañan a los monumentos hacen referencia a su importancia o especial interés.

▌ La ciudad de Oviedo

Los terrenos sobre los que se asienta Oviedo eran, en el siglo VIII, una enmarañada selva de árboles, arbustos, zarzas, helechos y otras plantas que aún pueden contemplarse como parte de la flora autóctona de la región. Estos tupidos bosques constituían, sin embargo, un lugar de fácil acceso, ya que a su lado pasaba la vía romana de *Oveto* u *Ovetao,* que comunicaba Lugo, Llanera, Pajares y León. A mediados del citado siglo llegaron a aquellos parajes el monje Fromistano y su sobrino Máximo, monje también, con una reducida cohorte de cristianos. Entre todos levantaron una pequeña iglesia, a la que colocaron bajo la advocación de San Vicente. Más tarde, otros 25 monjes se unirían a estos y se crearía un monasterio, en torno al cual surge un núcleo de población en el que se confunden los astures y las gentes que venían huyendo de la invasión musulmana.

El rey Fruela favoreció el crecimiento de Oviedo y su esposa, Munia, residió en la ciudad dando a luz aquí a su hijo, el futuro Alfonso II. Sería él quien trasladaría la capital del reino, de Pravia a Oviedo, y comenzaría el esplendor prerrománico. Pero, a principios del siglo X, Oviedo pierde

esa capitalidad en favor de León y queda aislada para bien o para mal. En los siglos siguientes su alejamiento geográfico de la capital de España no impide, sin embargo, que en mayo de 1808 se rebele contra las autoridades que habían reconocido a José I.

Los ovetenses forman entonces la Junta General de Asturias, que se declara soberana y manda embajadores a Inglaterra para pedir ayuda contra los invasores franceses. El aislamiento de Oviedo se rompe en buena medida con la construcción del ferrocarril Oviedo-Infiesto, en 1872, y su economía mejora con la inversión de capitales extranjeros que se produce a mediados del siglo XIX, durante el proceso de industrialización de Asturias. También la repatriación de capitales indianos, tras el desastre de 1898, supuso la creación de fábricas y la aparición de servicios urbanos como el gas, la electricidad y los tranvías. Hasta el último tercio del siglo XIX la ciudad no rebasó el recinto acotado por las murallas. En la actualidad se divide en dos partes claras: la antigua, medieval, que es el casco viejo, y la moderna, que tiene como núcleo central la calle Uría, donde se concentran los comercios más importantes, los teatros, hoteles, bancos, librerías y cafeterías. En la periferia de Oviedo se asientan barrios diversos: desde residenciales a obreros.

ℹ Centro de Información Turística del Principado de Asturias
✉ Plaza de la Constitución, 4.
☎ 984 493 563.
🌐 www.visitoviedo.info
www.turismoasturias.es

ℹ Oficina de Turismo "El Escorialín"
✉ Marqués de Santa Cruz, s/n.
☎ 985 227 586.

▼ Una de las animadas terrazas del centro de Oviedo (calle Cimadevilla).

OVIEDO

0   50   100 m

Estación del Norte

Plaza G. P. de Rivera

Autobuses   Calle

Viaducto   Marquina

Avenida   de   Santander

Calle   Manuel   Pedregal

Río San Pedro

Ceferino

Calle   Fray   Nueve de Mayo

Calle   de   Campoamor

Calle   de   Casal

Basílica de San Juan el Real

Calle   de   Independencia

Calle   Uría   Melquiades   Alvarez

Calle   de   San Bernabé

Calle   de   Caveda

Plaza Longoria Carvajal

Doctor   Calle   de   Covadonga

Ventura Rodríguez

Marqués   Jaz

Palacio Valdés

de   M. Nacionales P. Herrera

Alonso

Antiguo Hospicio (Hotel de La Reconquista)

Gil   del   Valle

González   de   Pidal

Progreso   Pelayo

Calle   Uría

Arquitecto   Reguera

Calle   de   Teverga

Asturias   Conde   Toreno   de

Teatro Campoamor

Plaza de Escandale

M. de Cervantes

a A Coruña (N 634)

Biblioteca Infantil

Plaza del General Ordóñez

Avenida   de   Italia

i

Galicia   Sta. Teresa de Jesús

Campo de San Francisco

Charles Darwin

Calle   Paseo   del   Bombé

Avenida   de   Alemania

Presidencia del Principado

de   Santa Cruz

Plaza de España

Plaza San Juan de la Cruz

Marqués   Cabo   Principado

al Palacio de Exposiciones y Congresos

Parque Plaza de los Juzgados

Noval Marr

Trece Rosas

Federico   García   Lorca

Calle   Llamaquique   Calle

Rosal

Santa

P

Auditorio-Palacio de Congresos Príncipe Felipe

Jesús Arias de Velasco

Sela   Autobuses

Aniceto   F. Roel

Plaza del Fresno

Calle   de   O

Susana

P   Plaza San Mi

Calle   de   Velasco

Pérez   de   la   Sala

González   Besada

P. Vinjoy

Pérez de Ayala

a León   1   2

Itinerario básico

Este itinerario se puede hacer en un solo día si se sale hacia las 9 h y se aprovechan las primeras horas de la tarde.

El recorrido no es largo, pero ver el **Museo Arqueológico** lleva bastante tiempo y lo mismo ocurre con la visita a la **catedral**.

· · · · · · · · · ·

🅒 D3
Palacio del Duque del Parque-Palacio del Marqués de San Feliz

· · · · · · · · · ·

🅒 C3
Plaza y Mercado del Fontán

· · · · · · · · · ·

🅒 C-D3
Biblioteca de Asturias "Ramón Pérez de Ayala"

ITINERARIO BÁSICO

PALACIO DEL DUQUE DEL PARQUE-PALACIO DEL MARQUÉS DE SAN FELIZ

Este palacio fue mandado construir en 1723 por el duque cuyo nombre lleva. Su principal artífice fue el maestro de cantería santanderino Francisco de la Riva y Ladrón de Guevara. Es uno de los mayores de Oviedo y conserva una bonita **portada** renacentista, aunque ha pasado por diversos avatares a lo largo de su historia, sirviendo de almacén de la Fábrica de Armas de Oviedo, de Fábrica de Tabacos e incluso de colegio de señoritas. En el año 1892 lo compró el primer marqués de San Feliz y lo restauró y destinó a su uso actual, que es de vivienda particular. A partir de entonces, el palacio es conocido también con el nombre de San Feliz.

La plaza de Daoíz y Velarde está dentro del área popular del Fontán, de modo que en ella se instalan puestos de ropa, flores, frutas y verduras, los días de mercado (jueves y sábados).

PLAZA Y MERCADO DEL FONTÁN ✱

Las calles colindantes con la plaza de Daoíz y Velarde constituyen un conjunto arquitectónico popular con sabores literarios. En este paisaje urbano se desarrolla la novela de Ramón Pérez de Ayala *Tigre Juan*. En los soportales del Fontán, hechos de gruesas pilastras sobre las que se apoyan arcos de medio punto, instalan sus mercaderías las vendedoras de flores y otros objetos diversos.

Pegado al palacio del Marqués de San Feliz, dando a la calle Arco de los Zapatos, se encuentra la que fue Casa de Comedias del Fontán, en la actualidad **Biblioteca de Asturias "Ramón Pérez de Ayala"**, levantada en 1666 y reformada en 1799 y 1849. Y en esa misma calle, nada más salir a ella desde la plaza de Daoíz y Velarde, a la derecha está la entrada al interesante patio interior de una manzana de casas de apariencia modesta, pero de gran carácter. Todo el patio, una especie de plazuela interior, está enmarcado por unos soportales formados por galerías de las casas, que descansan sobre columnas de piedra con capitel dórico.

Siguiendo por la calle Arco de los Zapatos y torciendo a la derecha por la calle Fontán encontramos el **mercado** cubierto que lleva el nombre de dicha calle: El Fontán. Construido en 1882 con diseño del arquitecto Javier Aguirre en el lugar donde Carlos V concedió celebrar un mercado franco todos los jueves a comienzos del año 1524.

IGLESIA DE SAN ISIDORO

Pegada al mercado del Fontán está la iglesia de San Isidoro. El templo se encuentra ya situado, como el Ayuntamiento, en la antigua Plaza Mayor, hoy plaza de la Constitución.

La iglesia de San Isidoro fue construida en los siglos XVI y XVII por la Compañía de Jesús, y se llamó iglesia de Jesús hasta que en el año 1769 se convirtió en parroquia y tomó el nombre actual. Su estilo es barroco. En su puerta solían reunirse las mujeres que se dedicaban a recoger el trigo para esperar a que las contratasen.

AYUNTAMIENTO

El primitivo Ayuntamiento de Oviedo se construyó en 1622 por Marcos de Velasco. El que puede contemplarse en la actualidad es una reproducción del levantado por Francisco Pruneda en 1780, rehecho tras la destrucción que sufrió en la Guerra Civil. Situados en la plaza de la Constitución, antes de continuar el itinerario marcado, es interesante acercarse a la **plaza de Trascorrales** a la que se accede por una arcada al comienzo de la calle Sol. El bonito edificio ocre y beige que hay en su centro es el antiguo mercado cubierto del pescado de la ciudad, convertido ahora en sala de exposiciones.

En Trascorrales se coloca en verano una agradable terraza en donde se puede descansar respirando el aire del más viejo Oviedo. Porque esta zona, junto con las calles de Cimadevilla, Rúa y Magdalena, entre otras, constituye el corazón de la ciudad, que se ex-

▲ Mercado del Fontán e iglesia de San Isidoro.
▼ Ayuntamiento.

•••••••••
Ⓤ C3
Iglesia de San Isidoro

•••••••••
Ⓤ C3
Ayuntamiento

•••••••••
Ⓤ C3
Plaza de Trascorrales

▲ Plaza de Trascorrales.

⊙ **C3**
**Museo de Bellas Artes
de Asturias**
✉ Santa Ana, 1 y 3.
☎ 985 213 061.
🌐 www.museobbaa.com
🕐 Julio y agosto: martes a
sábado de 10.30 h a 14 h
y de 16 h a 20 h; domingo
y festivos, de 10.30 h a
14.30 h.
Resto del año: martes a
viernes, de 10.30 h a 14 h
y de 16.30 h a 20.30 h;
sábado de 11.30 h a 14 h
y de 17 h a 20 h; domingo
y festivos, de 11.30 h a
14.30 h. Cierra lunes.
💾 Acceso gratuito.

tiende a partir de la catedral, el ámbito urbano de la
Vetusta por donde pasearon los personajes de Clarín.

Volviendo a la plaza de la Constitución, una nueva
arcada abre la calle de Cimadevilla. Al final de ella,
a la derecha, comienza la calle San Antonio, que en
su número 8 tiene un interesante portal forrado de
madera trabajada artesanalmente, rematado por
un techo cubierto de escayola que imita la labor
de esa madera.

▍**MUSEO DE BELLAS ARTES**   ✱✱
Esta importante pinacoteca se encuentra instalada
en varios edificios del barrio antiguo. Destaca por
su diseño el suntuoso **palacio de Velarde,** obra
encargada en 1767 por el entonces regidor de la
ciudad, Pedro Velarde, al arquitecto asturiano Manuel Reguera González (1731-1798). El palacio es el
mejor ejemplo de urbanismo ilustrado asturiano, ya
que a su traza barroca le aplicaron detalles procedentes de las vanguardias de la época. Destaca la
fachada principal, alzada sobre la calle de Santa Ana.
Es igualmente notable la fachada que se levanta sobre el jardín. En el interior del palacio los puntos de
mayor interés se sitúan en el patio cuadrado, enmarcado por arcos soportados por columnas toscanas,
la escalera de tipo imperial y la galería de la planta
superior, en la que se repite el esquema de arcos
y columnas. El palacio de Velarde está conectado
a través de un edificio moderno con otro elemento notable de la arquitectura ovetense: la **casa de
Oviedo-Portal.** Este palacio en depurado estilo ba-

rroco fue también residencia de otro regidor de la ciudad, Fernando de Oviedo-Portal, quien encargó la obra en 1660 al arquitecto cántabro Melchor de Velasco Agüero. Destaca su fachada principal, orientada a la calle de la Rúa, que mantiene una unidad estilística con la colindante casa de Solís-Carbajal (un inmueble adquirido por el museo para la ampliación de sus instalaciones, finalizada en 2015). El proyecto, realizado por el arquitecto navarro Patxi Mangado, abió el museo a la plaza de la Catedral y duplicó la superficie expositiva del mismo.

El Museo de Bellas Artes fue inaugurado en 1980 con los fondos de la antigua Diputación Provincial, que se han ido ampliando hasta alcanzar un patrimonio de unas 15.000 piezas, que constituyen una de las mejores colecciones públicas de arte de España. Además de una completa panorámica que abarca de la Edad Media al siglo XXI, su punto fuerte es la colección de pintura española y asturiana junto a buenos ejemplos de las escuelas italiana y flamenca. Como ejemplos de obras maestras destacan piezas de Ribera, Zurbarán, Goya, Luis Meléndez, Romero de Torres, Rusiñol, Sorolla, Iturrino, Regoyos o Zuloaga. Otro punto fuerte del museo es la serie de El Greco, *El Apostolado,* compuesto por doce lienzos de igual tamaño pintados a partir de 1600, cuya presencia en Oviedo es definitiva desde 2014, con motivo del IV centenario de la muerte del pintor.

▲ Museo de Bellas Artes.

I TRÁNSITO DE SANTA BÁRBARA

Por la calle Canóniga se llega a la Corrada del Obispo. Dirigiéndose a la izquierda al arribar a esta plaza, se llega al Tránsito de Santa Bárbara y a una **torre románica** del siglo XI, construida probablemente sobre otra preexistente que habría pertenecido al arte asturiano. Esta torre forma parte de la catedral gótica.

🕐 B3-4
Tránsito de Santa Bárbara

I MUSEO ARQUEOLÓGICO DE ASTURIAS ★★

Cruzando la Corrada del Obispo en diagonal desde la calle Canóniga, se alcanza la calle San Vicente y en ella el antiguo **convento de San Vicente**, ahora Museo Arqueológico. El museo está instalado en el claustro y en una galería de lo que fue el monasterio. Aunque el nombre de San Vicente se asocia a la fundación de Oviedo, este edificio se levantó ocho siglos después. A mediados del XVI se construye el piso bajo, se cree que bajo la dirección de Juan de Badajoz el Mozo.

A principios del XVIII se amplía lo hecho y se añade el piso alto. Casi a finales del XVIII se cierra esta última planta, obra que se atribuye al arquitecto Reguera.

🕐 B4
Museo Arqueológico de Asturias
✉ San Vicente, 3 y 5.
☎ 985 208 977.
🖥 https://museoarqueologico deasturias.com
🕐 Miércoles a viernes, de 9.30 h a 20 h. Sábado, de 9.30 h a 14 h y de 17 h a 20 h. Domingo y festivos, de 9.30 h a 15 h. Cierra lunes y martes.
🎟 Acceso gratuito.

El **claustro bajo** está cubierto con bóveda de crucería estrellada, mientras que las arquerías son renacentistas. El **claustro alto** está ornamentado en el exterior con elementos barrocos y rococós, caracterizados por la minuciosidad de su labrado.

El siglo XVIII fue uno de los momentos de mayor auge del convento. El padre Feijoo vivió en él durante más de cincuenta años, de 1709 a 1764. En 1940, Luis Menéndez Pidal reformó todo el edificio, en 1986 se restauró toda la cubierta y en 2004 se acometió otra remodelación dentro de un plan de cambio integral del museo llevado a cabo por el Ministerio de Cultura y el estudio de arquitectos de Fernando Pardo Calvo y Bernardo García Tapia. La reapertura tuvo lugar en marzo de 2011 y durante las obras de modernización se descubrió un bastión de la muralla primitiva de la ciudad, datada en el siglo VIII.

El museo es una muestra de la riqueza arqueológica de Asturias con un recorrido que incluye piezas del Paleolítico procedentes de excavaciones al aire libre y de las numerosas cuevas habitadas en el Paleolítico superior y Mesolítico. También contiene salas dedicadas a la época romana, al románico y gótico, de etnografía y de numismática. A la salida del museo, volviendo a su izquierda, se encuentra la iglesia de Santa María la Real de la Corte.

IGLESIA DE SANTA MARÍA LA REAL DE LA CORTE

De la primera iglesia de Santa María, que estuvo ligada al convento de San Pelayo, no queda nada. La actual fue construida sobre la anterior en el siglo XVII, cuando se remodela la fachada del convento. El templo guarda en su interior unos interesantes retablos barrocos y la tumba del padre Feijoo, en el centro del crucero, cerrada con una losa de jaspe.

MONASTERIO DE SAN PELAYO ✳

Cerca de Santa María de la Corte, siguiendo la calle San Vicente a la izquierda, se levanta el convento de San Pelayo, una construcción del siglo XVIII cuyo principal valor es la fachada de la Vicaría, que da a la plazuela de Jovellanos. También es de destacar la decoración con columnas del segundo de los tres pisos de que consta el convento.

La fundación de este monasterio se remonta a la época de Alfonso II y, aunque existen documentos que prueban su permanencia a través de los últimos diez siglos, del edificio primitivo no ha pervivido nada en absoluto. El nombre de San Pelayo le viene porque guardaba las reliquias del niño mártir.

ⓞ B3
Iglesia de Santa María la Real de la Corte

ⓞ B3
Monasterio de San Pelayo

ANTIGUA MURALLA

Al final de la calle San Vicente, torciendo a la derecha, entramos en la calle Azcárraga y, doblando otra vez por la primera bocacalle a la derecha, nos encontramos en Paraíso y aquí con la antigua muralla.

Esta muralla se edifica a lo largo del siglo XIII, a trompicones y dependiendo de lo boyantes que estuvieran las arcas. El gran impulso constructor se produce a partir de 1258, cuando Alfonso X concede a la ciudad una renta durante diez años para que puedan continuar las obras de su amurallamiento. La longitud del muro que rodeaba Oviedo era de 1.400 m y acotaba una superficie de 114 ha. La parte mejor conservada es esta de la calle Paraíso.

Desandando el camino por las calles Paraíso y Azcárraga, llegamos a Jovellanos, en donde bordeamos el edificio del Archivo Histórico paseando esta calle y la primera a la izquierda, que es la del Águila. Por Águila alcanzamos la plaza de Alfonso II el Casto, en donde se encuentran la catedral, la iglesia de San Tirso y el palacio de Valdecarzana.

CATEDRAL DE SAN SALVADOR ★★

La catedral de Oviedo es una especie de conglomerado arquitectónico en el que se fusionan los siglos que van del IX al XVI. Incluso el XVII y el XVIII tienen también su representación. El templo, sin embargo, puede calificarse de gótico flamígero, ya que es este estilo el que domina en la construcción. El lugar

▲ Plaza de Porlier, con la catedral al fondo.

• • • • • • • • •

🕐 B4
Antigua muralla

⊙ B3

Catedral de Oviedo

✉ Pza. Alfonso II el Casto, s/n.

☎ 985 21 96 42.

🖥 www.catedraldeoviedo.es

🕐 Enero, febrero, noviembre y
diciembre: de 10 h a 13 h y
de 16 h a 17 h.
Marzo, abril, mayo y
octubre: de 10 h a 13 h y de
16 h a 18 h (hasta las 17 h
el sábado).
Junio: de 10 h a 13 h y de
16 h a 19 h (hasta las 17 h
el sábado).
Julio y agosto: de 10 h a 19
h (hasta las 17 h el sábado).
Septiembre: de 10 h a 18 h
(hasta las 17 h el sábado)

💶 7 € general. 5 € a la Cámara
Santa, el Museo y el
claustro.

▼ Torre de la catedral
de Oviedo.

en donde se asienta la catedral fue elegido por los
reyes astures para levantar sus basílicas al Salvador, y de aquellas edificaciones queda la **Cámara
Santa**, del reinado de Alfonso II, en el siglo IX. Esta
Cámara Santa tiene planta rectangular y dos pisos.
El inferior, la cripta de Santa Leocadia, es el único
que ha conservado el diseño primitivo, ya que el piso
superior, dedicado a San Miguel, fue remodelado en
el siglo XII, aunque guarda la cabecera primitiva con
un ábside que está cubierto por bóveda de ladrillo.

La **cripta de Santa Leocadia**, por su parte, tiene
también una bóveda de cañón hecha de ladrillo.
En la capilla de San Miguel se conservaban las reliquias de la Cristiandad, que fueron traídas aquí
desde Toledo, lo que convirtió a Oviedo en lugar
de peregrinación. En la actualidad se encuentran
las joyas que han pervivido del arte prerrománico:
la Cruz de los Ángeles, la Cruz de la Victoria, el Arca
Santa o Arca de las Reliquias y la Caja de las Ágatas.
Se cree que la Cámara Santa formó parte del palacio
de Alfonso II. Aparte de la remodelación de la capilla
de San Miguel dentro del estilo románico, las dos
plantas fueron reedificadas entre 1938 y 1942, tras
los graves daños sufridos en la revolución de 1934.

La torre románica, cuyo exterior se ve en el Tránsito de Santa Bárbara, habría sido construida, según
autores, en el siglo XII y no en el XI como comúnmente se data. Tiene tres pisos, el último cubierto
por una bóveda.

El templo gótico se comenzó a construir en 1295
y fue avanzando según lo permitían las arcas ecle-
siásticas asturianas, si bien el grueso de la obra
se llevó a cabo en el siglo XV. Aunque es el gótico
flamígero el que más destaca en la catedral, todos
los periodos de este estilo están presentes en ella,
como puede verse en las galerías de su hermoso
claustro. No se sabe el nombre del arquitecto que
hizo el primer proyecto, pero sí el de algunos de sus
continuadores, como Nicolás de Bai el Mozo, Nicolás
de Bruselas y Juan de Candamo, que realizaron su
trabajo en el siglo XV. La **torre** y la **fachada** cate-
dralicias pertenecen ya al siglo XVI y a los arquitectos
Juan de Badajoz, Gil de Hontañón y Buyeres.

El templo tiene una planta de cruz latina con tres
naves, ábside semicircular y cubierta con bóvedas
de crucería y estrelladas. Estaba prevista la construcción de otra torre, pero no se hizo por falta de
dinero. También por escasez de fondos se quedaron
sin esculturas las peanas de las puertas de acceso a
las naves. No le falta decoración a la catedral; muy
al contrario, está llena de toda clase de elementos

CATEDRAL DE OVIEDO

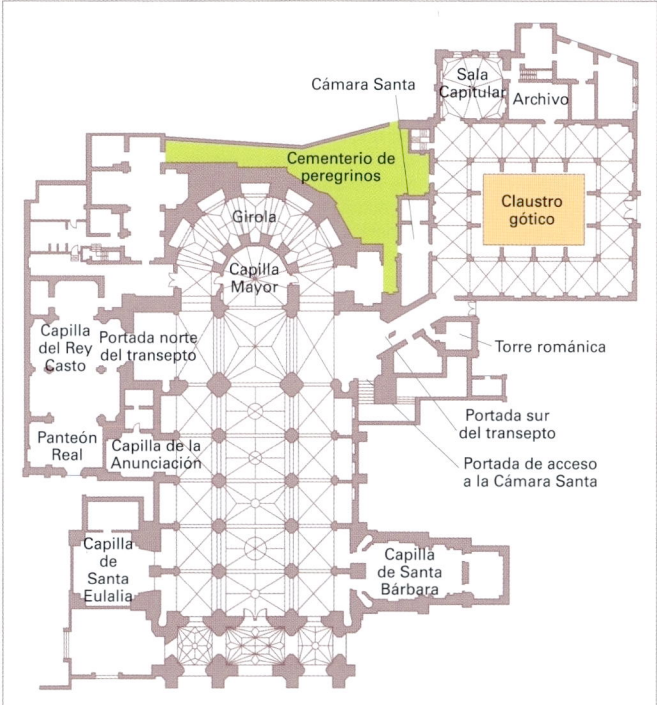

Cámara Santa · Sala Capitular · Archivo · Cementerio de peregrinos · Girola · Claustro gótico · Capilla Mayor · Capilla del Rey Casto · Portada norte del transepto · Torre románica · Panteón Real · Capilla de la Anunciación · Portada sur del transepto · Portada de acceso a la Cámara Santa · Capilla de Santa Eulalia · Capilla de Santa Bárbara

de adorno, los góticos los más visibles, pero también existen prerrománicos, románicos y barrocos.

En primer lugar, hay que destacar las muestras de orfebrería del arte asturiano, de la capilla de San Miguel. La **Cruz de los Ángeles** es la pieza más antigua, un encargo de Alfonso II destinado a lo que en ese momento era catedral de Oviedo, aunque la leyenda afirma que fue hecha por los ángeles y con ellos aparece en el escudo de la capital asturiana. Esta cruz es de madera cubierta de láminas de oro y adornada de perlas y piedras preciosas. Se cree que sus autores fueron unos artistas ambulantes venidos de la Europa transpirenaica. Esta joya se usaba en las procesiones, y en los extremos de sus brazos, en unos compartimientos especiales, se guardaban reliquias de santos. En su reverso lleva una curiosa inscripción: "Recibido con complacencia, permanezca en honor de Dios esto que ofrece Alfonso, humilde siervo de Cristo. Quienquiera que osase

quitármelo de donde mi libre voluntad lo donare, sea fulminado por el rayo divino." Como se ve, un seguro medieval contra robos.

La **Cruz de la Victoria** es un siglo posterior a la de los Ángeles y más rica que ella. Según una antigua tradición, la madera de su interior fue enarbolada por don Pelayo en la batalla de Covadonga, pero lo que dice la historia es que se debe a un encargo del rey Alfonso III, el último de los monarcas del reino de Asturias, poco antes de que este reino desapareciera. Es una obra de orfebrería llena de color, en donde se combinan piedras preciosas, perlas, oro y esmalte. Su estilo es franco-carolingio. Esta cruz es la que aparece en el escudo del Principado de Asturias.

El Arca o **Caja de las Ágatas** es de madera de peral cubierta de láminas de plata en su base y de oro en el resto. Tiene más de 80 piezas de ágata y de ahí le viene su nombre. El remate de su tapa es un broche de manto de procedencia carolingia y constituye la parte más valiosa de la caja. Fue una donación del rey Fruela II a la catedral de Oviedo.

El **Arca Santa** o Arca de las Reliquias está ya a caballo entre el arte asturiano y el románico. Es una caja de cedro que probablemente recorrió un largo camino desde Jerusalén a Toledo, para ser trasladada después a Oviedo por los religiosos visigodos que huían de los musulmanes. El rey Alfonso II la coloca en la capilla de San Miguel, y dos siglos después Alfonso VI y su hermana doña Urraca la abren y sacan las reliquias sagradas que guardaba y que se enumerarán luego con una inscripción en su tapa: "unos mechones de la cabellera de San Juan Bautista, una tabla del pesebre de Belén, un pedazo de piel de San Bartolomé, una vasija que había contenido leche de los pechos de la Virgen...".

Los dos regios hermanos consideran que estos tesoros merecen un continente más rico que el cedro y mandan recubrir el arca con una chapa de plata en la que se labran escenas sacras, inscripciones y figuras geométricas decorativas: en el tablero frontal, Cristo en majestad rodeado de ángeles y apóstoles con una leyenda de alabanza a Dios escrita en árabe arcaico; en la tapa, Cristo crucificado y la relación, en latín, de las reliquias que encierra la caja; en el lateral izquierdo, hechos relativos a la venida del Salvador al mundo; en el derecho, San Miguel aplastando al dragón, entre otras escenas, y, finalmente, la parte posterior está ornamentada solo con diseños geométricos.

En la **Cámara Santa** se puede contemplar también uno de los grupos escultóricos más destacados del románico: *El Apostolado*, que representa a los doce apóstoles, distinguiendo a cada uno de ellos con un símbolo, al mismo tiempo que diferencia rostros y actitudes.

En cuanto a la ornamentación gótica, es fácil apreciarla en todo el templo, pero podrían destacarse, además del claustro, que tiene el hermoso contrapunto del jardín, la entrada de la capilla del Rey Casto y el retablo de la capilla mayor. En la portada de la capilla luce en todo su esplendor el gótico flamígero como lo hace en la torre del templo, pero aquí da como fruto una serie de esculturas de apóstoles, santos y ángeles que rodean a una imagen policromada de la Virgen de la Leche y a un Cristo resucitado.

En el retablo de la capilla mayor la profusión de esculturas formando escenas y su marco de filigrana gótica consiguen un efecto de gran riqueza. Este retablo mide 12 por 12 m y comenzó a elaborarse en los comienzos del siglo XVI. Trabajaron en él Giralte de Bruselas, León Picardo, Juan de Balmaseda y Miguel Bingueles. Tardó veinte años en ser acabado y algunos críticos han afirmado que los artistas se vengaron de ciertos clérigos con los que no se llevaban bien, caricaturizándolos en algunas imágenes, como por ejemplo las de los narigudos y desagradables doctores del templo.

Finalmente, en los siglos XVII y XVIII se construyeron la sacristía, la girola y algunas capillas de la catedral. En el lado izquierdo hay un buen ejemplo de retablo barroco con una imagen de la Virgen en su hornacina central. Es una bella escultura de Juan de Villanueva y se cuenta que, cuando las tropas de Napoleón ocuparon Oviedo, su comandante acudía todos los días a contemplarla. Tan prendado parece que estaba el oficial francés de esta Inmaculada que antes de abandonar la ciudad le regaló su propio anillo. La cripta de Santa Leocadia es uno de los vestigios más antiguos del conjunto, originario de los tiempos de Alfonso II el Casto.

Todo el conjunto arquitectónico sufrió graves daños durante la Revolución de Asturias y la Guerra Civil y fue restaurada por Luis Menéndez Pidal de 1938 a 1942. Posteriormente se han ido realizando distintas rehabilitaciones.

I IGLESIA DE SAN TIRSO

Nada más salir de la catedral, a la izquierda, se encuentra la iglesia de San Tirso, a la que siempre se cita dentro del arte prerrománico, pero que en realidad es el resultado de repetidas remodelaciones, reconstrucciones y restauraciones.

▼ Tres joyas de la orfebrería prerrománica que conserva la catedral: el arca de las Ágatas y las cruces de los Ángeles y de la Victoria.

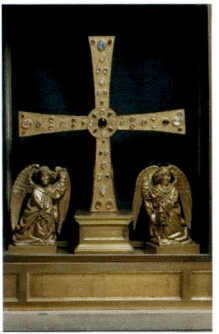

B3
Iglesia de San Tirso

▲ Iglesia de San Tirso.

Del primitivo templo prerrománico solo queda el muro testero del ábside, que da a la calle Santa Ana y que tiene una ventana trigeminada con tres arcos de ladrillo, apoyados en cuatro pequeñas columnas marmóreas de capiteles decorados con hojas. Esta ventana está enmarcada por un alfiz, moldura decorativa común en la arquitectura árabe, que se utilizará con profusión un siglo más tarde en la mezquita de Córdoba, pero que aquí resulta una rareza, ya que, en esos momentos, las relaciones que tenían los astures con los musulmanes no eran precisamente cercanas ni amistosas.

El templo primitivo lo mandó construir Alfonso II en el siglo IX; en el siglo XIV se produce una ampliación; en 1521 sufre un incendio; una nueva remodelación entre 1667 y 1679; es reedificado de 1721 a 1722, y ya en el siglo XX pasa por obras y reparaciones varias otras cinco veces. El resultado actual es una iglesia que, además de las huellas prerrománicas descritas más arriba, presenta arcos de medio punto que algunos estudios consideran románicos, arcos apuntados que deben pertenecer a la ampliación hecha en periodo gótico, la capilla de los Carreño, renacentista, y dos capillas barrocas: la Mayor y la del Santo Cristo. Con todo, es una bonita iglesia, que exhibe un perfecto estado de conservación y que presenta una apariencia exterior sólidamente medieval.

● ● ● ● ● ● ● ●
◉ B3
Palacio de Valdecarzana-Heredia

❙ PALACIO DE VALDECARZANA-HEREDIA

Enfrente de la iglesia de San Tirso, cruzando la plaza en diagonal, se halla el palacio de Valdecarzana-Heredia, que en la actualidad alberga las dependencias de la Audiencia Territorial de Asturias. Es una construcción del siglo XVII, aunque la fachada que da a la plaza de Alfonso II el Casto se realizó en el XVIII. El escudo de esta fachada es el de los Heredia y el que aparece en la parte del edificio que da a la calle de San Juan pertenece a los Miranda, pero el palacio hace tiempo que no alberga a ninguna familia de alcurnia.

En el siglo XIX fue casino, el casino que frecuentaba Leopoldo Alas "Clarín" y cuyo ambiente humano el escritor retrata repetidamente en *La Regenta*, situando en él varios episodios de la novela. Precisamente en la plaza de la Catedral se encuentra la estatua en bronce de Ana Ozores, *La Regenta*, representada como si paseara con su traje de época por las calles de Vetusta, la viva encarnación de aquella figura de ficción asociada para siempre a la capital asturiana.

▶ Escultura de Ana Ozores, *La Regenta,* frente a la catedral de Oviedo.

Clarín, Oviedo y *La Regenta*

El Oviedo de los últimos decenios del siglo XIX ha quedado retratado para la historia en la que sin duda es la mejor novela española del siglo XIX: *La Regenta,* de Leopoldo Alas, conocido con el sobrenombre de Clarín. Leopoldo Alas, al que siempre se tiene por asturiano, nació en realidad en Zamora, aunque vivió desde los 7 años en Oviedo, a donde su familia trasladó la residencia en 1859. En la capital asturiana se licencia en Derecho, se doctora en Madrid, es nombrado catedrático en Zaragoza y en 1883 vuelve a Oviedo para ocupar una cátedra universitaria. Allí permanecerá hasta su muerte, siendo, como le ha calificado un estudioso, "el provinciano universal". Compaginará la crítica y la creación literaria. En 1885, con solo 33 años, Clarín publica *La Regenta,* que, con toda justicia, le consagrará como escritor. Esta novela cuenta la historia de una mujer joven, casada con un hombre mucho mayor que ella, que es amada apasionadamente por un sacerdote y seducida por un donjuán de poca monta. La acción se desarrolla en Vetusta, nombre que esconde a la ciudad de Oviedo. La obra es al mismo tiempo naturalista y psicológica, de modo que nos da un cuadro completo de personajes y lugares. Vemos las calles de la capital asturiana a finales de siglo, con el paseo que es lugar de encuentro habitual, el casino y las gentes que lo frecuentan; las iglesias y sus sacerdotes, que ocupan un papel importante en la vida de la burguesía acomodada que Clarín retratara; participamos incluso en una excursión a las afueras de la ciudad. Y lo más importante: asistimos a un desfile de personajes reales, hablando cada uno su propio lenguaje y viviendo sus pequeñas y grandes pasiones en un cerrado entorno provinciano que a veces les ahoga.

▶ De arriba abajo:
palacio de Camposagrado,
sede del Tribunal Superior
de Justicia del Principado
de Asturias; palacio de
Valdecarzana-Heredia,
que acoge a la Audiencia
Territorial de Asturias,
y plaza de Alfonso II el
Casto.

• • • • • • • • •
Ⓓ C3
Palacio de la Rúa

PALACIO DE LA RÚA

El casco antiguo de Oviedo está declarado conjunto histórico-artístico y, de todos sus monumentos, al **palacio de la Rúa** le cabe el honor de ser la fachada más antigua de la ciudad. Este palacio está situado frente a la catedral, al comienzo de la calle de la Rúa, o más exactamente, al final de ella, ya que termina en la plaza de Alfonso II el Casto. El edificio es un singular ejemplo de la transición arquitectónica de la casa-fortaleza al palacio urbano. Esta transformación se debe a que ya no se busca la seguridad sino la belleza y el lujo. En realidad, en esta construcción pervive todavía un cierto aire militar.

Parece seguro que la torre se levantó en el siglo XV y que en el siglo XVI se llevaron a cabo unas reformas consistentes en la apertura y cerramiento de algunos vanos de la fachada principal. En el siglo XVIII se le adosó una construcción que tapó una parte de esa fachada: es la que presenta los balcones en haz o en repisa volada y ordenados simétricamente. Esta parte del palacio se atribuye a Reguera. En cuanto a la antigua fachada, es de sillería y tiene una variopinta diversidad de ventanas: con arco de medio punto, con arcos conopiales, con parteluz cruciforme... El palacio fue sometido a una profunda rehabilitación entre 2008 y 2010 en la que se respetó al máximo la edificación original de la antigua casa de la Rúa, que mantiene su doble función de residencia privada y dependencias para usos culturales y sociales. Asimismo la rehabilitación ha devuelto a las fachadas los elementos originales que aparecían en la documentación del archivo familiar de la marquesa de Santa Cruz del Marcenado y ha permitido acristalar el patio central y recuperar el jardín.

Dejando la plaza de la Catedral por la calle de Eusebio González Abascal se llega a la **plaza de Porlier**, donde se encuentran los palacios de Camposagrado y de Toreno. Esta plaza alberga la evocadora escultura de un viajero cargado de maletas en actitud de descanso. Se trata de *El regreso de Willians B. Arrensberg,* popularmente conocida como *El viajero,* en la que Eduardo Úrculo fusionó todo su universo de objetos simbólicos, como las maletas, los abrigos y los sombreros, en un homenaje nostálgico al viaje y el desarraigo.

• • • • • • • • •
Ⓓ B3
Palacio de Camposagrado

• • • • • • • • •
Ⓓ B-C3
Palacio Conde de Toreno

PALACIO DE CAMPOSAGRADO

Se construyó en dos fases. En la primera se levanta solo el piso bajo, en el año 1719. Veintisiete años más tarde, el arquitecto Pedro Antonio Menéndez hace la segunda planta. Esto tiene como consecuencia que la decoración del piso bajo esté emparentada con el barroco y la del alto anticipe ya el neoclasicismo, con los frontones mixtilíneos, las pilastras jónicas y la sobriedad de los balcones de las fachadas laterales. En realidad, el palacio tiene en su interior cuatro pisos, pese a su exterior, diseñado como si tuviera solamente dos. Es de planta cuadrada con un patio central del que parten dos monumentales escaleras por las que se accede a las estancias superiores. El alero del edificio es una de sus partes más originales.

El primer propietario del palacio fue don Manuel Bernaldo de Quirós, pero ya en 1861 fue adquirido por el Estado para ser utilizado como Audiencia Territorial. Durante la revolución de 1934, el edificio fue incendiado, junto a otros de la plaza Porlier, siendo restaurado en 1943. En la actualidad se mantiene como sede del Tribunal Superior de Justicia de Asturias.

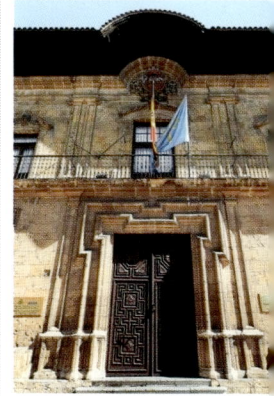

I PALACIO CONDE DE TORENO

Fue mandado construir en el año 1673 por don Fernando de Malleza y Dóriga, regidor perpetuo de Oviedo, y solo en dos años quedó terminado. El arquitecto fue Gregorio de la Roza que, sobre todo en la fachada principal, se atuvo a los planteamientos barrocos. La fachada está dividida en calles, resaltando la central, en la que una puerta adintelada se potencia por medio de algo nuevo: dos columnas exentas, diseño que no se había utilizado hasta entonces en la arquitectura civil. En la actualidad, el palacio de Toreno es la sede del Real Instituto de Estudios Asturianos (RIDEA).

También es interesante en esta plaza de Porlier el **edificio del banco Bilbao-Vizcaya,** con una rica ornamentación que entronca con la arquitectura francesa de principios del siglo XIX, en parte convertido en hotel.

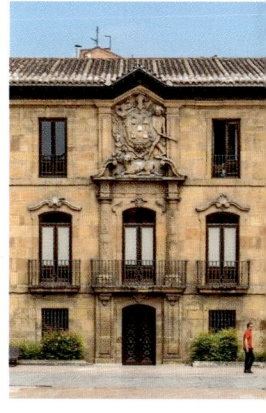

I UNIVERSIDAD ★★

En la calle San Francisco se encuentra la Facultad de Derecho de la Universidad de Oviedo, antes Universidad de Oviedo. Fue fundada, por disposición testamentaria, por don Fernando Valdés Salas, arzobispo de Sevilla y Gran Inquisidor General, en el año 1534. Valdés Salas, que era natural de la villa asturiana homónima de su segundo apellido, había sido consejero fundador de la Universidad Complutense de Alcalá de Henares y quiso que su tierra natal no fuera menos que Madrid. Pero las obras del edificio tardaron en terminarse y el arranque de la Universidad se demoró tanto que solo en 1608 comenzó a funcionar.

▲ Universidad de Oviedo.

· · · · · · · ·

◐ C3
Universidad

Dos de los arquitectos que participaron en su construcción fueron Bracamonte y Juan del Rivero. Lo más destacable de ella desde el punto de vista arquitectónico son la portada clásica y el claustro. En el centro de este se alza, desde 1908, la estatua del fundador, Valdés Salas.

En 1934, el interior de la Universidad se incendió, siendo reconstruido fielmente en 1935 y 1936, pero se perdieron las cátedras donde habían ejercido la docencia el padre Feijoo y Clarín, además de una importante biblioteca que tenía numerosos libros raros e incunables, una pinacoteca y un museo prehistórico. La biblioteca ha sido después repuesta con donaciones de particulares y entidades, de modo que la actual es casi tan valiosa como la desaparecida. La torre de la Universidad fue en principio campanario, pero desde el año 1871 se convirtió en observatorio meteorológico.

Dentro de la historia docente de esta Universidad hay un episodio curioso, protagonizado por Clarín y otros profesores. En 1898, el escritor, junto con algunos colegas de magisterio, propone a las autoridades académicas extender las enseñanzas universitarias más allá de su reducido ámbito habitual y así lo harán con lo que se llamó Cursos de Extensión Universitaria. El propósito de estos intelectuales era superar a través de la cultura los enfrentamientos de clase. Según sus propias palabras, estaban "contra los instintos de dominación del capitalismo y los instintos de destrucción de la masa inconsciente". Nunca sabremos si esta receta aplicada en dosis masivas, en toda España, hubiera logrado evitar la Guerra Civil del 36.

Los premios Princesa de Asturias

El 24 de septiembre de 1980 la Constitución Española tenía menos de dos años de vida, faltaban pocos meses para que la democracia española se viera sacudida por un intento de golpe de estado, y Felipe de Borbón y Grecia era un mozalbete que había cumplido doce años y que desde los nueve ostentaba, entre otros títulos, el de Príncipe de Asturias. Precisamente aquel 24 de septiembre se constituyó la Fundación Príncipe de Asturias, con dos objetivos muy precisos: estrechar los vínculos entre el Principado y el heredero de la Corona, y promover los valores culturales, científicos y humanísticos. Ello se manifestó al cabo de un año con la primera convocatoria de los premios Príncipe de Asturias, distribuidos en seis categorías: Artes, Comunicación y Humanidades, Letras, Ciencias Sociales, Investigación Científica y Técnica, y Cooperación Internacional. Años después se añadieron dos premios más: de la Concordia (1986) y de los Deportes (1987). La Fundación se constituyó en el salón Covadonga del hotel de la Reconquista –un bello edificio del siglo XVIII que fue orfanato antes que hotel– y quedó señalado como uno de los dos polos de atracción de los premios, pues allí se alojan desde 1981 los galardonados, los invitados y la Familia Real. El otro es el teatro Campoamor, inaugurado en 1892, donde tiene lugar la ceremonia de entrega de premios. Apenas 650 metros a pie separan ambos edificios y la breve ruta de los vehículos que trasladan a premiados, autoridades e invitados el día del evento es uno de los actos que con más expectación siguen los ovetenses.

Tras la coronación de Felipe VI como rey de España, la Fundación y el nombre del premio pasaron a llamarse Princesa de Asturias desde su edición de 2015, ya que es Leonor de Borbón, hija mayor del rey, quien ostenta ahora el título.

I PLAZA DE LA ESCANDALERA

Desde la plaza de Porlier, la calle de San Francisco nos lleva a la plaza de la Escandalera. El origen del nombre actual tiene varias interpretaciones: la más aceptada es la que señala que aquí se realizó una multitudinaria manifestación contra el tendido del ferrocarril por el puerto de Pajares a finales del XIX, aunque hay otra más reciente que alude a la posible existencia de un mercado de escanda, variedad de trigo en otros tiempos común en el Principado.

La plaza contaba con cuatro populares quioscos: el del limpiabotas, el de los periódicos, el del tabaco y el de los bocadillos. Todos ellos desaparecieron cuando la remodelaron para dejarla con su estructura actual, según un proyecto del arquitecto Gabriel de la Torriente. Estos kioscos fueron sustituidos por uno nuevo situado enfrente de la plaza, en el Campo de San Francisco, una construcción a la que los ovetenses llaman el "Escorialín", no se sabe bien si porque es de

◎ B2
Plaza de la Escandalera

● C2
Palacio de la Junta General del Principado de Asturias

● C2
Palacio de la Presidencia del Principado de Asturias

● B2
Teatro Campoamor

▼ Palacio de la Junta General del Principado.

piedra o por el largo tiempo que tardó en ser terminado. También en la remodelación se puso la fuente y se cortaron unos frondosos árboles que fueron sustituidos por farolas. La plaza, sin embargo, no carece de verdor al estar situada frente a un enorme parque, el ya nombrado Campo de San Francisco. Esta gran extensión verde abarca unos 60.000 m^2 y está surcada de paseos, salpicada de bancos y llena de flores.

Mirando al Campo de San Francisco desde la Escandalera, a la izquierda, en las calles Fruela y Marqués de Santa Cruz, se alza el **palacio de la Junta General del Principado de Asturias,** es decir, el equivalente al Palacio de las Cortes de Madrid.

Este edificio fue levantado entre los años 1903 y 1910 según un proyecto del arquitecto Nicolás Rivero de la Torre, y sus esculturas y escudo se deben a Víctor Hevia. En el interior hay un amplio patio cubierto con dobles escaleras de mármol y profusa y rica decoración. Antes fue sede de la Diputación Provincial.

Detrás del palacio de la Junta General del Principado, en la calle Suárez de la Riva, está el **palacio de la Presidencia del Principado de Asturias,** esto es: la sede del gobierno regional asturiano. El edificio albergó antes al Banco de España. Su utilización actual comienza el 14 de abril de 1986.

En la plaza de la Escandalera se encuentra una de las piezas más significativas del gran repertorio de estatuas con las que cuenta Oviedo. La tremenda *Maternidad,* del colombiano Fernando Botero, cuyo peso de más de 800 kilogramos está en consonancia con la robustez de la madre que sostiene en brazos al rollizo bebé. La estatua de bronce es una auténtica apología de la rubicundez con unos perfiles perfectamente pulimentados, sin aristas ni rectas.

En el entorno de la plaza de la Escandalera, entre las calles Quintanilla y Argüelles, pero con su fachada principal dando a la plaza, se levanta el **Teatro Campoamor**. Esta construcción del siglo XIX contó con el apoyo de Clarín para su terminación, que llegó a demorarse la friolera de nueve años tras la aprobación del proyecto inicial. Finalmente, fue inaugurado en 1892 con la puesta en escena de una ópera. Las entradas se vendieron al exorbitante precio de 30 pesetas de la época.

La robustez y el volumen regresan en la escultura ubicada junto al Teatro Campoamor. Se trata del *Culis Monumentalibus,* de Eduardo Úrculo, que con sus más de cuatro metros de alzado y más de una tonelada de peso no deja ningún lugar a dudas de lo que quiere representar.

▲ Plaza de la Escandalera.

I CALLE URÍA ✳

La calle Uría es el corazón del Oviedo moderno y su principal zona comercial. Comienza en la plaza de la Escandalera y termina en la estación del Norte.

A esta calle se trasladó la clase media pudiente de Oviedo en el último cuarto del siglo XIX. En ella vivió Leopoldo Alas, *Clarín,* en el número 34, y allí escribió *La Regenta* en el año 1884.

En el número 4 de Uría, junto a la plaza de la Escandalera, se localiza la placa que recuerda que en dicho punto se alzaba el famoso Carbayón, roble mítico de la ciudad que fue derribado en 1879 para ampliar el trazado de la calle en una decisión escandalosa que aún se lamenta. De hecho a los ovetenses se les sigue llamando carbayones, como recuerda otra placa, en este caso junto al Teatro Campoamor donde fue plantado un nuevo roble "continuador de aquel árbol simbólico que nos dio a los ovetenses el título de carbayones".

En el recorrido por Uría hacia la estación del Norte, en el desvío a la derecha por la calle Milicias Nacionales, se puede observar la estatua de Woody Allen, que representa al director de cine caminando con las manos en los bolsillos. Allen, Premio Príncipe de Asturias de las Artes 2002, es un buen conocedor de Oviedo (algunas escenas de su película *Vicky Cristina Barcelona* se rodaron aquí), de la que dijo que es "ciudad deliciosa, exótica, bella y peatonalizada [...] como un cuento de hadas [...] un territorio aislado pero muy bello [...] en una atmósfera protegida".

🅤 A-B1-2
Calle Uría

▲ Palacio de Exposiciones
y Congresos Ciudad de
Oviedo.

• • • • • • • •

🕐 B1
**Antiguo Hospicio (Hotel
de la Reconquista)**

OTROS LUGARES DE INTERÉS

❙ ANTIGUO HOSPICIO (HOTEL DE LA RECONQUISTA)

El edificio que actualmente alberga el lujoso hotel
de la Reconquista fue el antiguo Hospicio y Real
Hospital de Expósitos. Se localiza en el número 16
de Gil de Jaz. Isidoro Gil de Jaz fue un regente de la
Audiencia que propuso, en 1751, la creación de una
casa de acogida de huérfanos y niños abandonados.
La propuesta prosperó y al año siguiente comen-
zaron las obras, dirigidas por Pedro A. Menéndez.
Cuando el edificio se termina e inaugura, en 1777,
han intervenido en él dos arquitectos más: Ventura
Rodríguez, que proyecta la capilla, y Manuel Reguera, que lleva a cabo ese proyecto y parece ser que
finaliza la fachada.

La planta del edificio se ajusta a lo que era más
usual en los hospitales renacentistas: las distintas
dependencias se agrupaban en torno a patios porti-
cados sustentados por columnas toscanas. La capilla
es octogonal y está rematada por una cúpula. Lo más
interesante del edificio es quizá su fachada barroca.
El antiguo hospicio alberga desde 1973 el hotel de
cinco estrellas de la Reconquista, escenario en el

que se fallan los premios Príncesa de Asturias y re-
conocible en la película de Woody Allen *Vicky Cristina
Barcelona,* ya que se trata del alojamiento preferido
del director neoyorquino en sus visitas al Principado.

| LA FONCALADA

Esta antiquísima fuente se halla situada en la calle
que lleva su nombre, en la confluencia con la calle
Gascona. Por las inscripciones que aparecían en su
frontón se ha podido saber que fue construida durante el reinado de Alfonso III el Magno, es decir,
en el siglo X. Es una edificación de planta cuadrada
levantada totalmente con sillares, incluso su techo.
En el vértice de su frontón triangular está esculpida
la Cruz de la Victoria.

En 1848 fue restaurada por la Comisión de Monumentos, que cegó su arco oeste. Después cayó
en el abandono hasta que, en 1955, fue declarada
"zona protegida" y bastante después se restauró.
El principal interés de esta fuente lo constituye el
ser la única obra civil de carácter público que ha sobrevivido del arte prerrománico. El recinto en donde
se recogen las aguas de la fuente está cubierto por
una bóveda de cañón peraltada.

A3
La Foncalada

⊙ D4
Iglesia de Santo Domingo

⊙ C4
Casona de la Regla

⊙ D1-2
Auditorio-Palacio de Congresos Príncipe Felipe

⊙ f.p; C1
Palacio de Exposiciones y Congresos Ciudad de Oviedo

IGLESIA DE SANTO DOMINGO

Situada en la plaza de Santo Domingo, presenta una superposición de los estilos renacentista y neoclásico. Empezó a construirse hacia 1540 bajo la dirección de Juan Cerecedo; en 1604 se termina la capilla del Rosario; en 1722 se amplía esa capilla, y hacia 1750 se construye una fachada neoclásica encima de la anterior renacentista, según un proyecto de Ventura Rodríguez que realiza Manuel Reguera. Tiene una sola nave dividida en cinco tramos, la cual se cubre con bóveda de crucería estrellada, que se convierte en bóveda de cañón artesanado al llegar a la cabecera.

CASONA DE LA REGLA

Situada en las calles Luis Muñiz y de la Regla, es una edificación del siglo XVIII que podría deberse al arquitecto Manuel Reguera. Lo más destacable es su alero, que tiene tres filas de canecillos de madera moldurados en las cabezas. Las fachadas exhiben vanos simétricos y una hilada de sillares que separa el primer piso del segundo.

AUDITORIO-PALACIO DE CONGRESOS PRÍNCIPE FELIPE

Inaugurado en abril de 1999, es un edificio polivalente de líneas neoclásicas obra de Rafael Beca. Situado en la plaza del Fresno, frente al parque de San Francisco, fue levantado sobre el antiguo depósito de armas de la ciudad.

PALACIO DE EXPOSICIONES Y CONGRESOS CIUDAD DE OVIEDO

El furor por lo nuevo llevó a derribar el viejo estadio del Real Oviedo y levantar en su lugar este polémico edificio conocido como "el centollo". Este vanguardista edificio, que se inauguró en 2009, es obra de Santiago Calatrava. El conjunto está formado por el Palacio de Congresos propiamente dicho, rodeado por un edificio en forma de U cuyas dependencias están ocupadas por un hotel, un centro comercial, un aparcamiento subterráneo y diversas oficinas del Principado.

La espectacularidad del palacio reside especialmente en la visera articulada, formada por costillas de acero blanco, que puede inclinarse permitiendo una mayor entrada de luz y modificando su aspecto exterior. Cuando está desplegada, dicha cúpula móvil alcanza una altura de 76 m, por lo que supera la de la catedral de Oviedo y de los edificios más altos de la ciudad.

EL MONTE NARANCO ★★

A 3 km del centro, en la falda del monte Naranco, una carretera bien señalizada pasa primeramente junto a **Santa María del Naranco,** aula regia del palacio de Ramiro I (848) donde el arte prerrománico asturiano alcanza su cumbre. Emplazado sobre una villa romana, el edificio muestra planta rectangular y dos niveles: la cripta y el abovedado y luminoso salón de audiencias, con sus dos miradores provistos de ventanas trifóras. Un **centro de interpretación,** localizado a 200 m en las escuelas del Naranco, nos introduce en el mundo del arte prerrománico y la realidad de los edificios ovetenses. Muy cerca del palacio descubrimos la iglesia palatina de **San Miguel de Lillo** o, mejor dicho, tan solo un tercio de lo que fue, pues sus elevadas naves, acaso excesivamente osadas para la época, se derrumbaron durante la Edad Media. Por lo tanto, contemplamos hoy la cabecera, con el ábside ya románico, y una puerta reconstruida con elementos asturianos (relieves, arcos geminados y celosías). Para ampliar información sobre ambos monumentos véase la Excursión por el prerrománico asturiano (▶ **pág. 111 a 115**).

Para el senderismo ha sido creada por el monte una "pista finlandesa" que depara vistas sobre Oviedo y los bosques circundantes. En la cumbre, a casi 600 m de altura, existe un área de descanso con amplia zona verde. Desde San Miguel también es posible ascender por una senda hasta el vecino pico del Paisano (632 m), coronado por una **estatua del Sagrado Corazón de Jesús** (1974).

Centro de Recepción e Interpretación del Prerrománico

- ⌨ Antiguas escuelas del Naranco.
- ☎ 985 114 901.
- 🖥 www.prerromanico asturiano.es
- 🕐 Febrero, noviembre y diciembre, de miércoles a domingo de 9.30 h a 14.30 h. De marzo a junio, septiembre y octubre, de miércoles a domingo de 9.30 h a 13.30 h y de 15.30 h a 18 h. Julio y agosto, todos los días de 9.30 h a 13.30 h y de 15.30 h a 19 h.
- 🎟 Acceso gratuito.

Santa María de Naranco y San Miguel de Lillo

- ⌨ Monte Naranco. Oviedo.
- ☎ 638 260 163.
- 🕐 De abril a septiembre, de martes a sábado de 9.30 h a 13 h y de 15.30 a 19 h; domingo y lunes, de 9.30 h a 13 h. De octubre a marzo, de martes a sábado, de 10 h a 14.30 h; domingo y lunes, de 10 h a 12.30 h.
- 🎟 4 €.

▼ Santa María del Naranco (izquierda) y San Miguel de Lillo (derecha).

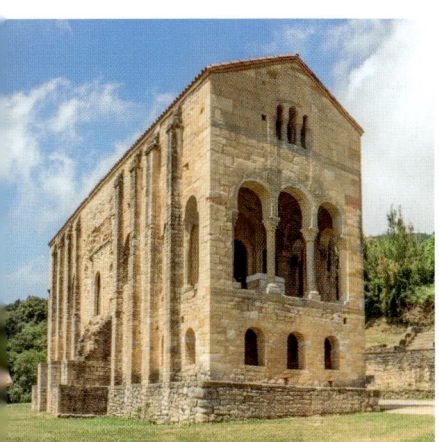

Visita a Gijón

Planificación de la visita

A continuación se sugiere, para conocer Gijón, un recorrido o **Itinerario básico,** que se puede prolongar con la visita a **Otros lugares de interés.**

El **plano** de las págs. 58-59 le será de gran utilidad para realizar los recorridos urbanos.

El símbolo ⊙ remite a la localización de los lugares y monumentos en el plano.

Las estrellas (**✳** o **✳✳**) que acompañan a los monumentos hacen referencia a su importancia o especial interés.

La ciudad de Gijón

Los vestigios arqueológicos sitúan en el castro prerromano de la Campa Torres, al oeste de la ciudad, a sus primeros habitantes. Roma instala en lo alto del cerro de Santa Catalina la IV Legión Macedónica. Al pie de este cerro, sobre el que se levanta hoy el barrio de Cimavilla, han quedado unas termas romanas. Aparte de ellas, la zona más antigua de la ciudad se encuentra, precisamente, en el citado barrio.

Cimavilla estuvo amurallado en la Edad Media (ya los romanos habían fortificado su campamento) y a partir del recinto inicial se fue extendiendo la villa, desde los comienzos de la Edad Moderna, hacia la llanura que se abre ante el cerro. También al pie de Santa Catalina se halla el puerto gijonés, con un papel esencial en la historia de la ciudad. Lo mandaron construir los Reyes Católicos y se amplió y mejoró en el siglo XVII para que sirviera de base al comercio con las Américas. Así, en el siglo XVIII Gijón se convirtió en una importante ciudad comercial. Sus instalaciones jugarán un importante papel en la industrialización que se produce a mediados del siglo XIX. Esa industrialización producirá un proletariado muy combativo políticamente, de modo que, en la revolución de octubre de 1934, la ciudad es tomada por la Juventud Socialista, aunque no tarda mucho en caer en manos de la legión y de los regulares, tras ser bombardeada desde el mar. Al comenzar la Guerra Civil la guarnición de Gijón se encuentra sitiada en sus cuarteles nada más estallar la contienda y pronto es vencida. Pero, a pesar de ello, es la última ciudad del norte en rendirse ante las tropas nacionalistas sublevadas.

Infogijón
Casa Paquet.
Plaza Fermín García
Bernardo, s/n.
985 341 771.
www.gijon.es

La Escalerona
Escalera nº 4 de la Playa
de San Lorenzo.
985 341 771.
Abierta en temporada alta.

▼ Gijón: playa y capilla de San Loreno, Cimavilla, puerto deportivo y puerto de El Musel al fondo.

GIJÓN

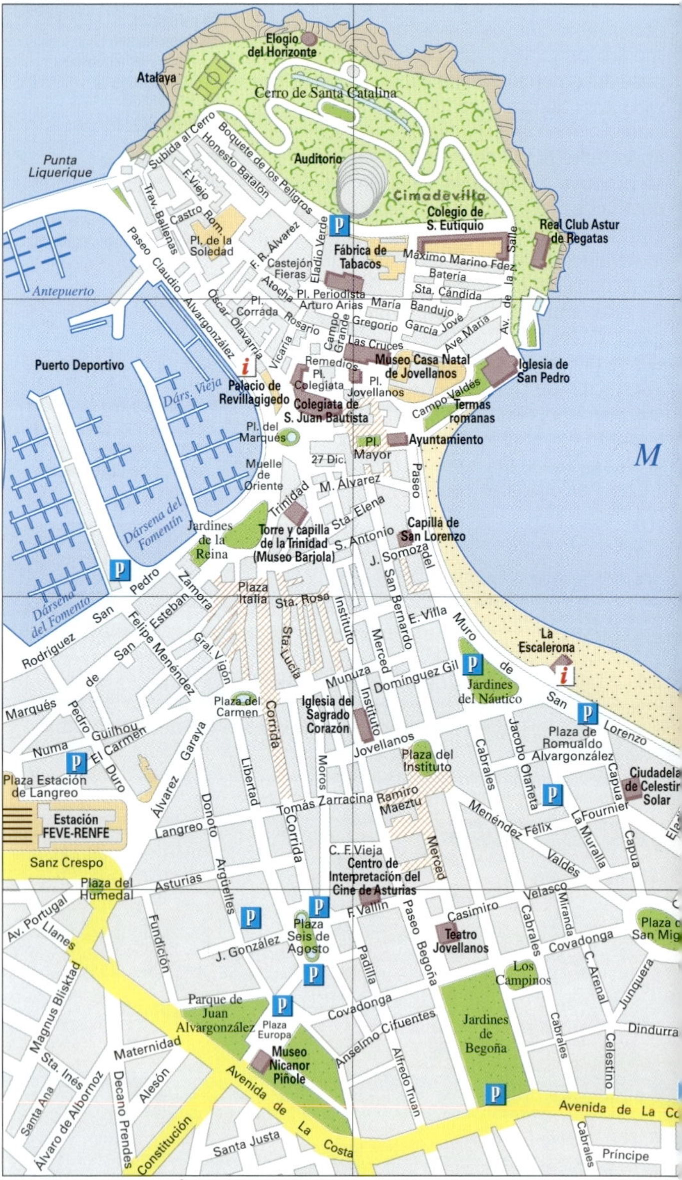

Elogio
del Horizonte

Atalaya

Cerro de Santa Catalina

Punta
Liquerique

Auditorio

Cimadevilla

Colegio de
S. Eutiquio

Real Club Astur
de Regatas

Máximo Marino Fdez.

Batería

Sta. Cándida

Bandujo

García Jove

Ave. María

Fábrica de
Tabacos

Pl. Periodista
Arturo Arias

Pl. de la
Soledad

Puerto Deportivo

Pl.
Corrada

Las Cruces

Remedios

Museo Casa Natal
de Jovellanos

Iglesia de
San Pedro

Dárs. Vieja

Palacio de
Revillagigedo

Pl.
Colegiata

Jovellanos

Termas
romanas

Colegiata de
S. Juan Bautista

Pl. del
Marqués

Campo Valdés

Ayuntamiento

27 Dic.

Pl.
Mayor

M

Muelle
de
Oriente

Trinidad

M. Álvarez

Dársena del
Fomentín

Jardines
de la
Reina

Torre y capilla
de la Trinidad
(Museo Barjola)

Sta. Elena

Capilla de
San Lorenzo

S. Antonio

J. Somoza

Dársena
del Fomento

Plaza
Italia

Sta. Rosa

La
Escalerona

Rodríguez

Felipe Esteban

Gral. Vigón

Sta. Lucía

Instituto

E. Villa

Muro

Marqués

San Menéndez

Munuza

Domínguez Gil

Jardines
del Náutico

Numa

Plaza del
Carmen

Iglesia del
Sagrado
Corazón

Jovellanos

Plaza de
Romualdo
Alvargonzález

Plaza
Estación
de Langreo

Libertad

Moros

Plaza del
Instituto

Ciudadela
de Celestin
Solar

Estación
FEVE-RENFE

Langreo

Tomás Zarracina

Ramiro
Maeztu

Menéndez Félix

Sanz Crespo

Corrida

C. F. Vieja

Valdés

Plaza del
Humedal

Asturias

Centro de
Interpretación del
Cine de Asturias

Av. Portugal

Llanes

F. Vallín

Casimiro

Velasco

Teatro
Jovellanos

Plaza c
San Mig

Plaza
Seis de
Agosto

Covadonga

Los
Campinos

Parque de
Juan
Alvargonzález

Plaza
Europa

Covadonga

Jardines
de
Begoña

Dindurra

Museo
Nicanor
Piñole

Avenida de La Costa

Avenida de La Co

Santa Justa

Príncipe

C A N T Á B R I C O

Ensenada de Gijón

Playa de San Lorenzo

ITINERARIO BÁSICO

● C2-3-4
Playa de San Lorenzo

PLAYA DE SAN LORENZO ★★

La playa de San Lorenzo se extiende desde el canal del río Piles hasta el lado oeste del cerro de Santa Catalina, concretamente, hasta Campo Valdés. Son 5 km de paseo marítimo y de arena dorada. Aunque toda la playa se llena de bañistas en verano, la parte más frecuentada es la que linda con el río Piles, por estar más resguardada de las mareas altas. Para tener una idea de esta enorme playa, lo mejor es pasear un trecho a su lado desde el Jardín Náutico, siguiendo la avenida del Muro, y luego contemplarla desde las barandas de Campo Valdés.

Durante las últimas décadas, Gijón ha ido cambiando su fisonomía urbana como consecuencia de distintos planes de remodelación de la ciudad. Gracias a ellos han sido recuperadas la playa de Poniente y la del Arbeyal para uso y disfrute de los gijoneses, aunque la de San Lorenzo sigue siendo la preferida por todos.

● B2
Capilla de San Lorenzo

Los efectos de la fuerza del mar y del salitre se dejan ver en muchos edificios situados junto al muro de San Lorenzo, como la propia **capilla de San Lorenzo,** cuya erosionada fachada de sillares de piedra arenisca lleva siglos resistiendo los embates del viento y las olas. La capilla está adosada a la torre Jove Hevia, tiene una portada con arco de medio punto y culmina en una espadaña decorada con pináculos de pirámides y bolas. De su antigüedad da cuenta una inscripción con la fecha de 1668, aunque en la actualidad ha sido rehabilitada como sala de arte.

● B2
Campo Valdés

CAMPO VALDÉS

Aparte de ser un excelente mirador de la playa de San Lorenzo y el paseo marítimo, es una hermosa plaza abierta con interesantes monumentos.

La **iglesia de San Pedro,** que se encuentra en un extremo de la plaza, con dos de sus fachadas rodeadas de mar, es una edificación de 1945, levantada según el proyecto de los hermanos Somolinos, después de que el templo fuera destruido durante la Guerra Civil. Se inspira en el prerrománico asturiano y, para que recordara más a este antiquísimo arte, se construyó con piedra amarillenta. Pero el primer templo de San Pedro erigido en estos lugares se remonta al comienzo del siglo xv, según una escritura que ha pervivido. El arquitecto fue Lucas Bernaldo de la Quintana. En los siglos siguientes sufrió varias ampliaciones y reformas. En esta iglesia fue bautiza-

do Jovellanos y en ella se depositaron sus restos en 1842, 31 años después de su muerte. El interior del templo presenta la originalidad de tener divididas en tres sus naves laterales, que están sujetas por columnas distribuidas de tal modo que componen una particular perspectiva.

Al lado de la iglesia de San Pedro están las **termas romanas,** del siglo I. Descubiertas en 1903, se pueden ver dos hipocaustos (lugares donde se producía el agua caliente). Un hipocausto, en una construcción romana, comprendía el horno calefactor, la habitación que albergaba el horno y también la sala calentada por él. El mayor de los hipocaustos de Campo Valdés tiene una bóveda sostenida por 36 columnas hechas de piezas de barro cocido. El menor conserva los tubos que distribuían el calor al piso superior.

Para apreciar el conjunto termal se ha organizado el **Museo de las Termas Romanas de Campo Valdés,** que permite visitar sobre pasarelas las ruinas en un recorrido que está precedido por varias unidades informativas que explican el desarrollo del Gijón romano y el significado de las termas en dicha época. En la visita se reproduce el recorrido original de los baños y del sistema de calefacción utilizado.

I ATALAYA DE CIMAVILLA ✱

Al lado de la iglesia de San Pedro se encuentra el **Real Club Astur de Regatas,** fundado en 1911 bajo la presencia de honor del rey Alfonso XIII. Este club ha sido durante muchos años centro de reunión de las clases acomodadas gijonesas.

◀ ▼ Playa de San Lorenzo: la Escalerona (en la página anterior) y el paseo del Muro (en esta página).

· · · · · · · ·

B2
Museo Termas Romanas de Campo Valdés
✉ Campo Valdés, s/n.
☎ 985 185 151.
🕐 De martes a viernes de 9.30 h a 14 h y de 17 h a 19.30 h. Sábado, domingo y festivos, de 10 h a 14 h y de 17 h a 19.30 h. Lunes cerrado.

· · · · · · · ·

A1
Atalaya de Cimavilla

· · · · · · · ·

A2
Real Club Astur de Regatas

Para subir a la Atalaya de Cimavilla, se puede coger la calle Ave María o la avenida de la Salle, que bordea el club. Una vez arriba, aparece a la izquierda un edificio rojo y verde, que es el colegio de San Eutiquio. También se puede acceder a lo alto de este cerro de Santa Catalina por la calle Guinea para conocer un poco más Cimavilla, ya que un lado de la avenida de la Salle es una pared.

⊙ A1
Elogio del horizonte

La Atalaya es un espacio verde convertido en parque público en el que destaca el ***Elogio del horizonte,*** ciclópea escultura construida en 1989 por el artista vasco Eduardo Chillida. Aunque esta obra tuvo algunos detractores, hoy en día es uno de los símbolos de la ciudad. Representa una concha y desde su interior es posible escuchar las olas del mar sin interferencias. Este punto es el mejor mirador de Gijón para contemplar la bahía y el puerto deportivo.

⊙ A1-2
Fábrica de Tabacos

Para descender de la Atalaya se toma la calle de Eladio Verde, formada en su lado izquierdo por la **Fábrica de Tabacos**. Este complejo fue el convento de las agustinas recoletas en el siglo XVII y se convirtió en fábrica de cigarrillos en 1843 tras la desamortización de Mendizábal. Hoy es un colegio religioso.

El casco antiguo de Gijón está declarado conjunto histórico-artístico. Es una de las zonas elegidas para salir de pinchos y raciones, desde la Plaza Mayor a la Cuesta del Cholo. En la calle Vizconde C. Grande, que sale de Campo de las Monjas, se encuentra el **Palacio Municipal de Justicia** (siglo XVIII), bien conservado y restaurado. Desde Vizconde C. Grande, a la izquierda por la calle de los Remedios, se llega a la casa natal de Jovellanos, en la plaza del mismo nombre.

I MUSEO CASA NATAL DE JOVELLANOS

Comienza a construir este palacio el noble Laso García Jove, después de que Enrique III le regalara, en 1395, el solar en que se asienta. García Jove levanta la torre oeste, que queda terminada a principios del siglo XV. También los García Jove edifican, a principios del siglo XVI, la torre este y el cuerpo central que une las dos torres.

En el siglo XVIII la casa estuvo ocupada por Jovellanos, quien cuenta en una carta, fechada en 1793, que está haciendo en ella reformas, como una escalera para acceder a una habitación de la nueva torre en donde suele trabajar durante el verano.

La Guerra de la Independencia causó destrozos que hubieron de ser reparados y más tarde, en 1846, el caserón se divide en varias viviendas. La mayor alteración en el exterior del palacio se produce cuan-

▼ Palacio de Revillagigedo.

do, en 1921, se une la torre oeste con la edificación contigua y queda formando un todo con la capilla de los Remedios. También a mediados del siglo XX se alteran los huecos de la fachada principal intentando darle un aspecto renacentista, al mismo tiempo que se cambia la distribución interior del edificio.

En la actualidad el edificio alberga el **Museo Casa Natal de Jovellanos,** que ofrece una interesante panorámica del arte asturiano y español a partir del siglo XVII. La colección permanente integra más de 3.000 obras de pintura, escultura, grabado, fotografía y otros soportes. Particularmente importante es el fondo de pintura asturiana que aglutina todas las corrientes artísticas del XIX y XX, con nombres como Evaristo Valle y Nicanor Piñole, pintor este último cuya obra se encuentra reunida en el museo del mismo nombre dependiente de la casa de Jovellanos, mientras que en escultura el punto fuerte del museo es el *Retablo del mar,* de Sebastián Miranda.

I AYUNTAMIENTO

La Plaza Mayor, en donde se levanta el Ayuntamiento, está casi contigua a la plaza de Jovellanos. Se puede llegar hasta ella por la calle Acacia.

El Ayuntamiento es una edificación de tres plantas que se construyó de 1862 a 1865, según un proyecto del arquitecto Andrés Coello. Al cavar los cimientos parece que se encontraron restos romanos, de los que no se hizo ningún caso. En el edificio se emplean sillares almohadillados. La planta baja se halla porticada y las ventanas aparecen separadas por columnas estriadas con capiteles compuestos.

· · · · · · · ·
🕐 B1-2
Museo Casa Natal de Jovellanos
✉ Plazoleta de Jovellanos, s/n.
☎ 985 185 152.
🌐 www.gijon.es
🕐 De martes a viernes de 9.30 h a 14 h y de 17 h a 19.30 h. Sábado, domingo y festivos, de 10 h a 14 h y de 17 h a 19.30 h. Cierra lunes.

· · · · · · · ·
🕐 B2
Ayuntamiento

▼ Plaza Mayor de Gijón, presidida por el Ayuntamiento.

B1
Centro Cultural Palacio de Revillagigedo
- Pza. del Marqués, 2.
- 985 346 921.
- Julio y agosto: de martes a sábado de 11 a 13.30 h y de 16 a 21 h, domingo y festivos de 12 a 14.30 h. Resto del año: de martes a sábado de 11.30 a 13.30 h y de 17 a 20 h, domingo y festivos de 12 a 14. Cierra lunes.
- Acceso gratuito.

B1
Museo Barjola
- Trinidad, 17.
- 985 357 939.
- www.museobarjola.es
- De martes a sábado, de 11.30 h a 13.30 h y de 17 h a 20 h. Domingo y festivos, de 12 a 14 h. Cierra lunes.
- Acceso gratuito.

PALACIO DE REVILLAGIGEDO

En la plaza del Marqués se encuentra el palacio de Revillagigedo, hoy centro cultural, propiedad de Cajastur y el Ayuntamiento, en donde se celebran importantes exposiciones. La historia de este palacio se remonta al inicio del siglo XV, cuando se edifica su torre este. Mucho más tarde, a fines del siglo XVII, el primer marqués de San Esteban del Mar de Natohoyo manda construir el resto del edificio.

La **colegiata de San Juan Bautista** es la última parte que se levanta, en 1721. La **fachada** del cuerpo central del palacio está abundantemente ornada por pilastras, columnas con fustes decorados y capiteles dóricos, jónicos y corintios, y una balaustrada con pináculos que remata la tercera planta, entre otros elementos. La colegiata posee una ornamentación de estilo renacentista y barroco.

TORRE Y CAPILLA DE LA TRINIDAD. MUSEO BARJOLA

La plaza del Marqués se ve adornada en su centro con una estatua de don Pelayo, del escultor gijonés José María López. Su recinto se extiende en los Jardines de la Reina.

A la espalda de este bloque de casas, en el tránsito de la plaza a los Jardines, se encuentra la calle Trinidad y en ella la torre y capilla de la Trinidad.

La casa-palacio fue mandada construir por los Jove en el primer cuarto del siglo XVII. Tiene planta rectangular y una fachada estructurada simétricamente, con una decoración muy sencilla. La capilla, tal y como consta en una lápida que hay en su interior, se terminó en el año 1676 y la "mandaron hacer a su costa los señores don Manuel y doña Catalina de Jove". Es de factura clasicista y barroca en su decoración.

El palacio se dedica en la actualidad a **museo** monográfico del pintor extremeño Juan **Barjola**. El edificio conserva la fachada delantera y la estructura de la capilla; el resto se ha reconstruido atendiendo a las necesidades museísticas. Consta de cuatro plantas, tres de las cuales están dedicadas en exclusiva a la obra donada por Barjola, casado con una gijonesa. En la capilla se realizan exposiciones temporales.

I EL PUERTO

Volviendo a los Jardines de la Reina, encontramos de frente el antiguo puerto de pescadores y comercial de Gijón, con sus dársenas del Fomento y el Fomentín a la izquierda. Hoy es un puerto deportivo con un importante movimiento internacional y una escuela de vela. Más allá está el Musel, actual puerto comercial.

La historia de estos puertos se remonta a los Reyes Católicos, que posibilitaron la construcción del primero, ampliado posteriormente. En 1864 se construyó el muro de Liquerica y, más o menos por esas fechas, otros malecones que hicieron desaparecer la playa de Pando, que Isabel II había distinguido eligiéndola para sus baños. Este crecimiento de la capacidad del puerto de Gijón produjo un incremento del tráfico comercial.

El carbón era transportado directamente de las minas a los muelles, a las dársenas del Fomento y el Fomentín. Pero estas instalaciones se quedaron pequeñas y se hizo necesario hacer unas nuevas o ampliar las existentes. Antes de decidirse por una de esas dos soluciones se suscitó tal polémica en Gijón que incluso se creó algún periódico solo para defender una postura. Al final ganaron los partidarios de hacer un nuevo puerto, posición que cien años antes había mantenido el clarividente Jovellanos.

🌐 A-B-C1
Puerto

▼ Puerto de Gijón.

▲ Calle Corrida.

🆔 B-C1
Calle Corrida

🆔 D2
Centro de Interpretación del Cine de Asturias
✉ Fernández Vallín, 5.
☎ 985 343 434.
🖥 www.casino-asturias.com
🕐 De lunes a domingo, de 18.30 h a 2.30 h.

🆔 D1
Museo Nicanor Piñole
✉ Pza. Europa, 28.
☎ 985 181 019.
🖥 www.gijon.es
🕐 De martes a viernes de 9.30 h a 14 h y de 17 h a 19.30 h. Sábado, domingo y festivos, de 10 h a 14 h y de 17 h a 19.30 h. Cierra lunes.

▶ LABoral Centro de Arte y Creación Industrial.

Se construyó El Musel, en parte aprovechando un resguardo, y en parte adentrándose en la montaña, a principios del siglo xx. Pero el crecimiento de sus funciones mercantiles e industriales han hecho que se amplíe repetidamente desde entonces.

CALLE CORRIDA ✱

Comienza en los Jardines de la Reina y termina en la plaza del Seis de Agosto. Durante siglos fue la calle principal de Gijón. Se ignora el origen de su nombre. En el siglo xvii se llamaba calle Ancha de la Cruz, pero en el xviii la encontramos ya con su actual denominación, que podría deberse al hecho de que en ella se colocaban "corridos", una serie de puestos de venta de productos alimenticios.

Su fisonomía ha ido cambiando con los tiempos: desaparecieron sus árboles, sus tranvías de caballos y posteriormente los eléctricos, se llenó de modernas tiendas y cafeterías y se hizo peatonal en los veranos. Durante años, las jóvenes gijonenses pasearon por ella separadas según la clase social a la que pertenecían: las obreras, por la acera de los pares, que llamaban de la chinela; las señoritas pudientes, por la de los impares, o del tacón. Junto a la plaza del Seis de Agosto está el **Centro de Interpretación del Cine de Asturias (CICA)**.

Desde el final de la calle Corrida se accede a la plaza de Europa, donde se ubica en un palacete el **Museo Nicanor Piñole,** consagrado a este pintor nacido y muerto en Gijón (1878-1978).

Piñole abordó diversos géneros y técnicas pictóricas, principalmente se centró en los retratos, paisajes, naturalezas muertas y escenas costumbristas y populares asturianas.

El Musel y la Milla del Conocimiento

Ya en los mapas del litoral asturiano realizados allá por los siglos XVI y XVII aparecía destacado el cabo Torres y su fondeadero, **El Musel,** entre los puertos de esta parte de la cornisa cantábrica. Pero sería sobre todo a partir de mediados del siglo XIX cuando la necesidad de dar salida al carbón extraído de la cuenca minera del Nalón, con la construcción del ferrocarril de Langreo que conectó Sama con Gijón, dio el espaldarazo definitivo a las instalaciones portuarias gijonesas frente a las de Avilés. El Musel fue experimentando lentas y trabajadas ampliaciones hasta que en 2005 Puertos del Estado enfrentó su última ampliación: se construyó un nuevo dique que parte del cabo Torres que, con sus 140 hectáreas de aguas abrigadas, duplicó la anterior capacidad del puerto de Gijón. Concluida la obra en 2010, el desarrollo económico de la ciudad descansa a su vez en otro gran proyecto: **La Milla del Conocimiento Margarita Salas,** espacio situado en el distrito este de la ciudad que aglutina el **Campus de Gijón** de la Universidad de Oviedo, las instalaciones de **Laboral Ciudad de la Cultura,** el **Parque Científico Tecnológico** y el **Jardín Botánico Atlántico**. La Milla acoge, además, a unas cien empresas que basan su actividad en el conocimiento y un alto uso de la tecnología y que trabajan en campos como la ingeniería y la consultoría, el mundo audiovisual, las TIC y la salud. La antigua Universidad Laboral gijonesa cuenta en la actualidad con un centro multidisciplinar en el que conviven el Centro de Arte y Creación Industrial (**LABoral Centro de Arte**), la Escuela Superior de Arte Dramático y Profesional de Danza, el Centro de Estudios de Formación Profesional, los estudios de la televisión pública del Principado y el campus local de la Universidad de Oviedo.

· · · · · · · · · ·

🎟 f.p.; B1
Bioparc Acuario de Gijón
✉ Playa de Poniente, s/n.
☎ 985 185 220.
🌐 www.acuariogijon.es
💳 18 €.

· · · · · · · · · ·

🎟 f.p.; C1
Museo del Ferrocarril de Asturias
✉ Pza. Estación del Norte, s/n.
☎ 985 181 777.
🌐 www.gijon.es
🕐 De octubre a marzo, de martes a viernes de 9.30 h a 18.30 h; sábado, domingo y festivos de 10 h a 18.30 h. De abril a septiembre, de martes a viernes de 10 h a 19 h; sábado, domingo y festivos, de 10.30 h a 19 h. Cierra lunes.

· · · · · · · · · ·

🎟 fC2
Ciudadela de Celestino Solar

· · · · · · · · · ·

Villa romana de Veranes
✉ L'abadía de Cenero.
☎ 985 185 129 y 629 755 409.
🌐 www.gijon.es
🕐 Del 16/9 al 15/6, de martes a domingo y festivos de 10 h a 15 h. Semana Santa, de martes a domingo y festivos, de 10 h a 17 h. Del 16/6 al 15/9, de martes a domingo y festivos de 10.30 h a 19 h. Cierra lunes.

| BIOPARC ACUARIO DE GIJÓN

Se puede continuar el recorrido por el paseo de Rodríguez San Pedro hasta la playa de Poniente, donde se ubica una de las atracciones de la ciudad. El acuario de Gijón abrió sus puertas en 2006 para dar a conocer más de 250 especies de peces, invertebrados, anfibios y aves de diferentes ecosistemas marinos y fluviales.

| MUSEO DEL FERROCARRIL DE ASTURIAS

También junto a la playa de Poniente se encuentra este museo que está considerado uno de los más importantes de Europa en su género. Guarda máquinas y vagones de ferrocarril procedentes de líneas de pasajeros y de las minas asturianas además de tranvías y otros objetos y útiles vinculados a los trenes y las vías férreas. Destacan las llamadas Jornadas del Vapor en las que se procede al encendido de locomotoras de vapor.

Otra muestra del patrimonio industrial es el conjunto de viviendas para obreros que conforman la **Ciudadela de Celestino Solar**.

OTROS LUGARES DE INTERÉS

| VILLA ROMANA DE VERANES

Situada a 12 km de Gijón, junto a la antigua carretera de Oviedo (AS II), comprende un yacimiento de una hectárea donde quedan restos de una villa residencial de la época bajo imperial (siglo IV d. C.).

| MUSÉU DEL PUEBLU D'ASTURIES

En La Güelga, en la margen derecha del canal de río Piles, se halla este museo creado en 1968. Las colecciones etnográficas se presentan en varios

edificios, algunos de los cuales, como las casonas, el llagar, los hórreos y las paneras, constituyen en sí mismos una parte de la exposición. También se encuentra el **Museo Internacional de la Gaita,** instalado en una casona del siglo XVII. Exhibe este último gran cantidad de gaitas asturianas y de otros países europeos y algunos instrumentos de esta clase provenientes de África, América y Asia, además de grabaciones, dibujos y fotografías y un taller de construcción y reparación.

▮ PARQUE ARQUEOLÓGICO-NATURAL DE LA CAMPA TORRES

Está situado a 7 km de Gijón, en la franja oeste de la bahía del Musel. Se trata de un museo en el que se exponen una serie de yacimientos subrayando el contexto en el que se inscriben e integrando los restos arqueológicos en su entorno natural.

El centro proporciona información sobre la historia asturiana y los orígenes de Gijón, con un especial énfasis en la romanización a través de un itinerario con trece puntos de observación del antiguo poblado castreño. Además el museo se completa con una sala de exposición y el faro donde es posible llevar a cabo observación de aves y obtener completas panorámicas del puerto del Musel y de la ciudad.

▮ JARDÍN BOTÁNICO ATLÁNTICO

Se ubica a 2 km del centro, frente a la Universidad Laboral de Gijón. Alberga más de 30.000 plantas de hasta 2.000 especies diferentes. Entre sus instalaciones se incluyen el Jardín de la Isla, un jardín histórico con más de 150 años y el Monumento Natural de la Carbayeda de El Tragamón, un bosque natural con ejemplares de hasta 400 años de antigüedad.

Muséu del Pueblu d'Asturies
- ✉ Pº Doctor Fleming, 877 (La Güelga).
- ☎ 985 182 960.
- 🖥 www.gijon.es
- 🕐 De octubre a marzo, de martes a viernes de 9.30 h a 18.30 h; sábado, domingo y festivos de 10 h a 18.30 h. De abril a septiembre, de martes a viernes de 10 h a 19 h; sábado, domingo y festivos, de 10.30 h a 19 h. Cierra lunes.

Parque Arqueológico-Natural de la Campa Torres
- ✉ Cabo Torres, s/n.
- ☎ 985 185 234.
- 🖥 www.gijon.es
- 🕐 De octubre a marzo, de martes a domingo y festivos de 10 h a 17 h. De abril a septiembre, de martes a domingo y festivos, de 10.30 h a 19 h. Cierra lunes.

Jardín Botánico Atlántico
- ✉ Avda. Jardín Botánico, 2230.
- ☎ 985 185 130.
- 🖥 www.gijon.es
- 🕐 Del 16/9 al 14/5, de martes a domingo de 10 h a 18 h. Del 15/5 al 15/9, de 10 h a 21 h. Cierra lunes excepto durante julio y agosto.
- 💶 2,90 €.

◀ Museo del Ferrocarril de Asturias.

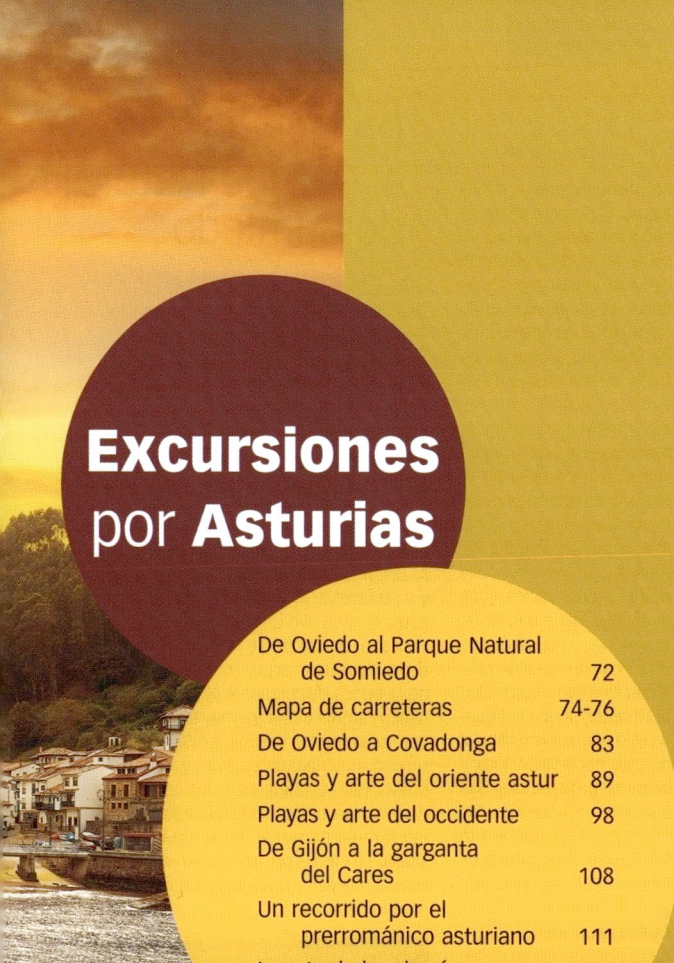

Excursiones
por **Asturias**

Se proponen **siete itinerarios**. El primero se dirige hacia las tierras del sur, ya en el límite con la provincia de León, y tiene por objeto hacer senderismo por las campas del Parque Natural de Somiedo, conocer los lagos de Saliencia, pasear entre roquedales, arroyos y las primitivas construcciones que por estos pagos llaman *teitos* o *pallazas*.

La segunda ruta se encamina hacia uno de los lugares míticos de la geografía asturiana y aun española, allá donde resuenan los ecos de la legendaria batalla de Covadonga y hoy alberga a la patrona de estas tierras. Y después de conocer algo del interior, puede ser buena idea orientarse rumbo al noreste, hacia Villaviciosa, y visitar de paso también San Salvador de Valdediós, las prehistóricas grutas de Tito Bustillo o la señorial villa de Ribadesella, Llanes, Pimiango y el ídolo de Peña Tú.

Queda el occidente. La antigua y noble villa de Avilés es el camino que sigue la cuarta propuesta, que se encamina hacia Cudillero, Cabo Vidío, Luarca, Tapia de Casariego, Taramundi y Los Oscos...

El quinto itinerario vuelve desde la marinera Gijón al interior, a los universales Picos de Europa, a la Garganta del Cares, lugares cercanos a Las Arenas de Cabrales, cuna de uno de los más exquisitos quesos que se puedan elaborar en

De Oviedo al Parque Natural de Somiedo

Este es un itinerario para amantes de la naturaleza, pero, camino de ese parque natural asturiano, se pueden ver dos hermosos ejemplos de arte prerrománico, entre otros monumentos que se levantan en los pueblos por los que pasa la ruta. Es una ruta que requiere al menos de dos días y, como alternativa a las autovías, se sugiere empezar en Oviedo por la antigua N 634 en dirección a Trubia y Salas.

■ NORA

Al llegar a Trubia hay que desviarse por la AS 233 y recorrer 2,2 km hasta arribar a Nora, junto a la estación de Feve de San Pedro y el embalse de El Furacón, en donde se halla la **iglesia de San Pedro***. Este templo prerrománico está considerado de la época de Alfonso II el Casto por sus características arquitectónicas, muy similares a la iglesia de San Julián de los Prados, en Santullano. El edificio resultó muy dañado en 1936 y fue reconstruido de nuevo, pero en algunos de los contrafuertes y en la parte posterior del edificio pueden verse las huellas del templo primitivo. Parte de la belleza de esta iglesia se cifra en su emplazamiento, al lado del río Nora. En la actualidad funciona como parroquia del pueblo de Nora.

I GRADO Y CORNELLANA

Como alternativa a la autovía A 63 proponemos seguir el viejo trazado de la N 634. En **Grado** confluyen dos caminos históricos: el Primitivo jacobeo, hacia el oeste, y el Camín Real de la Mesa, que llega desde el sur. Las mañanas de los domingos se celebra aquí un abarrotado mercado donde comprar quesos artesanos, pan de escanda, verduras y legumbres.

Hacia Pravia, en **Candamo** (a 9 km por la AS 237), está la **cueva de la Peña de Candamo,** con pinturas rupestres, que fue declarada Patrimonio Mundial por la Unesco. Se puede visitar el Centro de Interpretación ubicado en el palacio Valdés Bazán.

De regreso a Grado y retomando la N 634, el itinerario salva el cauce del Narcea en Cornellana, junto al maltrecho **monasterio de San Salvador.** Esta obra es una fundación benedictina que data de principios del siglo XI, pero de aquel primitivo edificio solo ha quedado la puerta del cenobio. La **iglesia** y la **torre** adosada a ella se levantaron en el año 1180.

El templo consta de tres naves y tres ábsides semicirculares cubiertos con bóvedas de cañón. La torre es de planta cuadrada con cubierta abovedada en el piso primero. La fachada barroca de la iglesia se construyó en 1678, y la del monasterio, en 1696.

Después, en diversos momentos del siglo XVIII, se fueron edificando distintas partes de este monasterio. En el frente de ambos monumentos hay una bonita plaza arbolada.

En la apertura de la temporada de pesca con muerte (una fecha variable entre los meses de marzo y mayo), los amantes de la pesca del salmón en Asturias se citan en el "prao del convento", un terreno anexo al monasterio de San Salvador de el mundo. La sexta propuesta abarca el espacio que esconde, como joyas, las construcciones del prerrománico asturiano, comenzando con San Julián de Prados, siguiendo por Santa María del Naranco en las proximidades de Oviedo, que tiene a su lado la no menos lírica iglesia de San Miguel de Lillo. Y finalizar el camino en Santa Cristina de Lena.

Y, para terminar, la ruta de la minería y la siderurgia por el centro del territorio asturiano, con objeto de descubrir la relación de esta tierra con su patrimonio industrial.

El **mapa de carreteras** (págs. 74-76) será de mucha utilidad para planificar los desplazamientos. Las **estrellas** (✱ o ✱✱/ ★ o ★★) hacen referencia a la importacia o especial mérito natural, artístico o histórico de los lugares mencionados en este capítulo.

▼ Parque Natural de Somiedo.

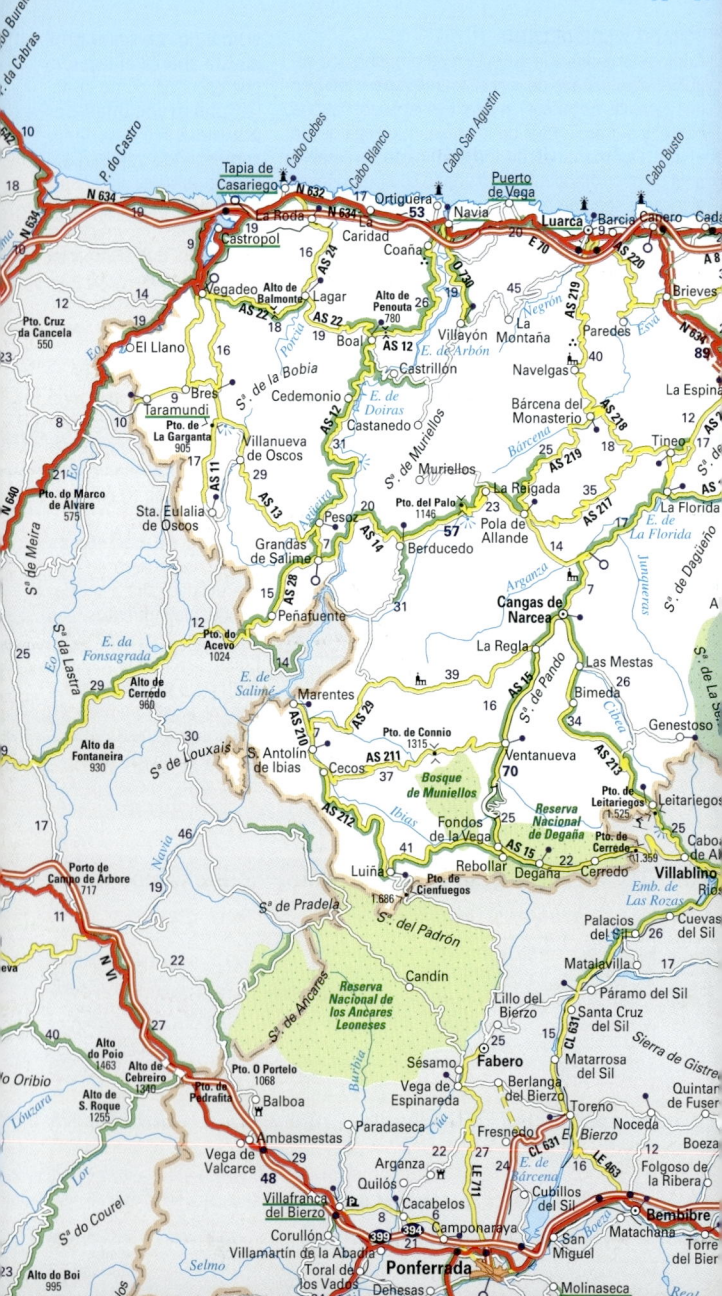

Cornellana, para celebrar la *Feria del Salmón★*. La feria, declarada de interés turístico regional desde 2008, incluye la tradicional *Subasta del Campanu,* el primer salmón pescado cada temporada en los ríos de la región.

I **PARQUE NATURAL DE SOMIEDO** ★★

En Cornellana se deja la N 634 para tomar la carretera AS 227 en dirección Belmonte de Miranda-Puerto de Somiedo, una desviación situada a la izquierda del camino seguido hasta ahora.

Esta carretera discurre un largo trecho al lado del Narcea y a través de su vega, entre verdes cultivos donde abundan el maíz y los árboles frutales. También proliferan los cotos de salmón en esta parte del río, que se encuentra flanqueada por verdes montañas a menudo cubiertas de bosque.

En el pueblo de **San Martín de Lodón** el camino pierde el Narcea y comienza a adentrarse en la montaña más profunda. Aumenta la densidad de los árboles y se suceden los bosques de hayas y castaños. Tres kilómetros antes de llegar a Belmonte, siguiendo una desviación marcada en la carretera, puede visitar una fragua romana, bautizada *El Machuco,* en muy buen estado de conservación. También **La Casa del Lobo,** un centro de interpretación del lobo ibérico.

A estas alturas la ruta transcurre por un estrecho paso de montaña, paralela al río Pigüeña. A partir de Belmonte, los bosques de hayas se hacen más densos, la vegetación más espesa. Cerca de La Riera encontramos el río Somiedo y un cartel que indica la dirección a seguir para llegar al **Camino Real de la Mesa,** una calzada romana construida en tiempos de Augusto. El Camino Real cruzaba Asturias desde San Esteban de Pravia, en el Cantábrico, hasta el Puerto de Ventana, en la frontera asturleonesa. Hoy aún puede seguirse su rastro en esta zona de Somiedo, en el pueblo de Dolia, en el de Saliencia y en Torrestío, primera población leonesa tras cruzar la frontera provincial. Después de la romanización, el Camino Real continuó siendo utilizado por musulmanes y cristianos, campesinos y ganaderos, durante muchos siglos.

Cuatro kilómetros antes de llegar a Pola de Somiedo, sale a la izquierda de la carretera un desvío que lleva al pueblo de **Saliencia,** donde termina la carretera asfaltada. A 7 km, por un camino de tierra y piedras, están los *lagos de Saliencia★*. Durante el recorrido hasta los lagos pueden verse algunas construcciones típicas de la zona: los *teitos* o *palla-*

▪ **Centro de Interpretación del Parque Natural de Somiedo**
✉ Narciso Herrero Vaquero, s/n. Pola de Somiedo.
☎ 985 763 758.
🌐 https://parquenatural somiedo.com
🕐 Cosultar.
🎟 Acceso gratuito.

▪ **La Casa del Lobo**
✉ Ctra. del Puerto, 19 (Belmonte de Miranda).
☎ 985 762 470.
🌐 https://lacasadellobo.com
🕐 Centro de interpretación: sábado y domingo de 12 h a 12.30 h y de 16 h a 16.30 h. Cercado de los lobos: sábado y domingo de 12 h a 16 h.
🎟 Centro de interpretación: 3 €. Visita guiada: 6 €.

▲ Parque Natural de
Somiedo.
▼ Lago de Saliencia.

zas, casas o cabañas cubiertas con techos vegetales de piorno o escoba. También, desde lo alto de la carretera, en el fondo del valle, se puede divisar una braña, es decir, un grupo de estas cabañas, en distinto estado de conservación.

Esta es tierra de *vaqueiros*, trashumantes que de mayo a octubre ocupaban los pueblos más altos y aislados, y cuando llegaba el mal tiempo llevaban sus rebaños cerca de la costa. Prácticamente han desaparecido, pero durante siglos su modo de vida diferente y su habilidad para eludir impuestos municipales les granjeó la antipatía de los campesinos sedentarios, que les negaban la entrada en las iglesias y el enterramiento en lugar sagrado, considerándolos moriscos escapados de una expulsión que tuvo lugar a principios del siglo XVII.

Esta creencia no tenía ningún fundamento en la realidad, como tampoco lo tenían otras opiniones que consideraban que eran descendientes de esclavos romanos o de renegados cristianos, pero todas ellas poseyeron una virtud aglutinante y fomentaron la solidaridad entre los miembros de este grupo social como respuesta al rechazo. Los *Vaqueiros de Alzada* abandonaron la trashumancia hace decenios. Muchas de las cabañas que habitaban han sido transformadas en viviendas con techos más sólidos que los vegetales.

Un poco más al oeste, en el corazón de las montañas de los concejos de Valdés, Tineo y Allande está la braña de Aristébano. Aquí se celebra, cada último domingo del mes de julio, la **Fiesta de la Vaqueirada***, con la mundialmente famosa *Boda Vaqueira*.

Recorridos los 7 km de camino de arena, se llega al alto de la Farrapona, que marca la frontera entre Asturias y León. De allí sale un corto sendero hacia los lagos, que también puede hacerse en coche.

Estos lagos, situados a una altura de 1.500 m, son de origen glaciar y tienen sus nombres propios: La Cueva, Cerveriz y Calabazosa; el lago del Valle es el más lejano. Volviendo al alto de la Farrapona, se halla un nuevo camino pedregoso de 4 km que une este lugar con el pueblo leonés de **Torrestío**, con la bonita cascada conocida como la foz del río Valverde. Hay que seguirlo para entrar en **Somiedo** por una zona más solitaria y quizá más densamente poblada de vegetación que la hasta ahora recorrida.

Viajando hacia Torrestío, se ven numerosas águilas culebreras y, al llegar al pueblo, puede encontrarse con facilidad, de nuevo, el Camino Real. Los aficionados a recolectar hierbas silvestres deben

El hórreo

El rigor de la climatología cantábrica obligó a los agricultores a diseñar una construcción ideal para preservar las cosechas de la humedad: el hórreo. Solo en Asturias se calcula que hay en la actualidad más de 20.000 hórreos, que siguen utilizándose y se edifican del mismo modo artesanal que siempre se hicieron.

Estas hermosas despensas se construyen en Asturias sobre cuatro grandes vigas, denominadas *trabes,* que se ensamblan entre sí. Encima de ellas se colocan las *pontas,* es decir, las tablas que forman el suelo. Las maderas que soportan el tejado se llaman *liños* y se unen con las *trabes* por unas anchas tablas, las *colondras,* que forman las paredes. De liño a liño hay unas vigas transversales que se llaman *tocas*. Con todo ello se forma el cuerpo principal del hórreo, que va apoyado en capiteles de piedra, denominados muelas o *pegolleras,* que a su vez descansan en unos sólidos pilares: los *pegollos.* Las muelas tienen como fin evitar invasiones de roedores y con el mismo propósito se construye la escalera de acceso al hórreo, separada de la cámara de este. Dicha escalera es de piedra. Cuando un hórreo tiene más de cuatro *pegollos* y es rectangular se llama panera. En términos generales, puede decirse que el hórreo asturiano se diferencia del gallego en que es a menudo cuadrado, más grande y siempre de madera. En contraposición, el gallego se construye en piedra y normalmente es rectangular. Una de las características de esta típica edificación asturiana es que puede desmontarse con relativa facilidad para ser trasladada de un lugar a otro. Cerca de Oviedo, en Bueño/ Güeñu (Ribera de Arriba), abre sus puertas el **Centro de Interpretación del Hórreo** (tel. 985 087 223; www.ayto-riberadearriba.es).

tener cuidado aquí: en los lugares húmedos y en la ribera del río de esta pequeña población abunda la cicuta. La entrada de regreso a Asturias se hace por el **puerto de Ventana** y por una carretera que compensa los baches sufridos hasta ahora. Los árboles se multiplican al pisar suelo asturiano. Al poco de traspasar el límite provincial, la montaña se cubre con un extenso bosque de hayas salpicado de abedules.

En Somiedo el haya es la especie arbórea más abundante. Los ejemplares más hermosos crecen en las zonas umbrías. Los robles, en su variedades de *carbayo,* roble albar y roble rosado, han sufrido importantes talas, pero también son numerosos. Encontramos asimismo arces, fresnos, tejos y serbales. En el sotomonte, la vegetación está compuesta de helechos, zarza, brezos, hiedras y arándanos. Los acebos llegan a alcanzar el tamaño de un árbol y, con sus frutos invernales, proporcionan alimento a muchos animales del bosque.

El oso pardo

En las montañas cantábricas vive la mayor población de osos pardos del occidente europeo, y es Asturias la que acoge la mayor cantidad de osos de la cordillera. Este formidable animal está declarado por el Principado especie en peligro de extinción, pues el mayor de los mamíferos del continente se encuentra en serio riesgo de desaparición debido a su densidad demasiado baja, el pequeño número de osas en condiciones de tener descendencia y las frecuentes muertes por envenenamiento o caza a manos de furtivos. Su territorio actual abarca dos núcleos de población sin contacto entre sí. El sector occidental es el más poblado, con alrededor de 300 individuos en tierras de León, Lugo y, sobre todo, Asturias. El núcleo oriental es mucho menos denso, no pasa de 50 ejemplares, que se localizan en un amplio territorio en tierras de Asturias, León, Palencia y Cantabria. Ambos núcleos están separados por unos cincuenta kilómetros de valles, montañas y carreteras que dificultan el contacto entre las dos poblaciones, que sin embargo ha llegado a producirse. Tanto Asturias como Galicia, Cantabria y Castilla y León cuentan con su particular Plan de Recuperación de la especie. En Asturias, la Reserva Natural Integral de Muniellos y el Parque Nacional de los Picos de Europa gozan de medidas especiales de protección.

• • • • • • • • •

Centro de Interpretación Somiedo y el Oso

✉ Álvarez Flórez Estrada, s/n. Pola de Somiedo.

☎ 686 925 049.

🔗 https://fundacionosopardo.org

El Parque Natural de Somiedo llega por esta parte hasta Caranga. Camino de este pueblo, y cerca de Fresnedo, a la salida del desfiladero ***Hoz de la Estrechura***, se hallan unos abrigos rupestres de la Edad del Bronce, con pinturas.

Más adelante, en San Martín, dos inmensas piedras desnudas coronan sendas montañas: son las ***peñas de Sobia*** y ***Gradura***.

Somiedo tiene su aspecto más interesante en la fauna, algo que el visitante difícilmente ve, para su suerte en algunos casos, como el del oso y el lobo. El motivo principal por el que se crearon las reservas de Somiedo y su vecina Degaña fue evitar la extinción del oso pardo. En el siglo XVI, este hermoso animal vivía en la mayor parte de los bosques españoles, entonces abundantes. A principios del siglo XX, solo se registraba su presencia en los Pirineos y la Cordillera Cantábrica. En los años 50 del pasado siglo, solo quedaban unas decenas de ejemplares en estas últimas montañas. Ganaderos y campesinos lo cazaban porque mataba sus reses y saqueaba los maizales y colmenas. Además, proporcionaba carne abundante, una piel muy cotizada y una grasa a la que se atribuía propiedades antirreumáticas. La precaria situación de esta especie tiene un respiro cuando, en 1952, se prohíbe su caza durante cinco años. En 1967 se establece una nueva veda temporal, que se hará definitiva al ser declarado el oso especie protegida, en 1973.

En la actualidad, se calcula que existen en la Cordillera Cantábrica unos 350 ejemplares de oso pardo, la mayoría de ellos censados en la franja de terreno que discurre entre los Ancares leoneses y lucenses a Somiedo. Aunque hay vigilancia para evitar su caza, los furtivos no cejan y los campesinos no suelen ver con simpatía la protección de estos animales, ya que la administración demora demasiado tiempo el pago de los destrozos que causan. El caso es que, de vez en cuando, se tienen noticias de la muerte de un oso y la especie sigue en peligro.

Otra especie refugiada en Somiedo que lucha contra su extinción es el urogallo. Esta ave de hermosa cola comenzó a ser cazada en los años 50 y en 1976 tuvo que decretarse su veda porque en algunos lugares había desaparecido y en otros peligraba su supervivencia. Hoy, Somiedo es el lugar donde más hay.

Un animal que también tiene problemas por sus hábitos alimenticios es el lobo. Igual que el oso, causa daños en el ganado pero, a diferencia de este, no es una especie protegida, de modo que se organizan batidas para cazarlo. Somiedo no es el lugar de España en donde más abunda pero sí tiene bastante presencia.

La zona posee una larga tradición cinegética tanto de caza mayor como de menor.

Pola de Somiedo es la capital y centro de servicios de los cuatro valles que integran el concejo. Junto al recinto ferial hay cuatro reproducciones acristaladas de *cabanas de teito* que muestran aspectos de la casa somedana. Son parte del Ecomuseo de Somiedo. El Parque Natural, declarado en

▲ Pola de Somiedo.
▼ *Cabanas de teito en Pornacal.*

▲ Lago de Somiedo.

1988, cuenta con casi 30.000 ha protegidas y está repleto de rutas senderistas. La Unesco lo declaró Reserva de la Biosfera en 2000.

Desde Pola de Somiedo se accede a los *valles de Lago* y *Pigüeña* a través de la empinada carretera que, por Coto de Buenamadre y Urría, llega hasta el *mirador de Buenamadre*. Desde aquí las vistas sobre el hayedo de la Enramada, con una ruta senderista que llega hasta la braña de Mumián, y el pico Castiellu, resultan espectaculares. En **Valle** hay un camping y parte la pista que conduce hasta el lago de Valle, de visita obligada.

Como obligado resulta el desvío hasta **Villar de Vildas**. Desde esta aldea, por pista de cemento ganadera, se accede hasta la **Braña de Pornacal**, típico conjunto arquitectónico vaquero. Más arriba, asoma la cascada de la Requeixada y se llega a **Brañavieja**, otro imponente conjunto etnográfico.

TUÑÓN

Desde La Riera parte la AS 265 que conduce hasta la última parada de la ruta: el pueblo de Tuñón, en donde se levanta la pequeña **iglesia de San Adriano***, de estilo prerrománico.

Es una construcción sobria y maciza de la época de Alfonso III. Impresiona su solidez, el grosor de sus muros y columnas. Se supone que se usaba también como fortaleza y en su capilla mayor aparecen las primeras **pinturas** mozárabes conocidas en España. Las visitas al templo se conciertan, fuera de la temporada estival, en el **La Ponte Ecomuséu,** una entidad local que también gestiona el paso de los visitantes por las pinturas rupestres de Santo Adriano y la Cueva del Conde, el templo de Santo Romano y una vivienda campesina con hórreo tradicional. En Tuñón se encuentra también uno de los extremos de la **Vía Verde de la Senda del Oso**, un recorrido de unos 26 km por el antiguo trazado ferroviario que unía las explotaciones de hierro y carbón del valle de Quirós con la estación de Trubia.

Este itinerario puede ser simplificado, si no se desea recorrer caminos no asfaltados. En ese caso, en vez de tomar la desviación situada 4 km antes de Pola de Somiedo, lo mejor es seguir hasta dicho pueblo y luego desandar la ruta andada.

Se puede visitar, de todos modos, San Adriano de Tuñón desviándose en Trubia por la carretera que marca el cartel "Puerto Ventana-Proaza". A 8,5 km está Tuñón. Despúes habrá que regresar a Trubia para continuar el recorrido o regresar a Oviedo.

La Ponte Ecomuséu
✉ Villanueva de Santo Adriano (Barrio de San Romano).
☎ 985 761 403 y 691 504 045.
🔗 https://laponte.org
ⓘ Itinerarios y visitas interpretativas solo con reserva previa.
🖥 Algunas actividades son gratuitas.

De Oviedo a Covadonga

Este recorrido se hace bien en un solo día. Para salir de Oviedo hay que tomar la autovía A 66 dirección Avilés y desviarse por la A 64 hacia Pola de Siero. La salida 14, hacia Nava, engarza con la N 634. Las paradas serían las siguientes: monasterio de San Pedro de Villanueva, Cangas de Onís, Cardes y Covadonga.

MONASTERIO DE SAN PEDRO DE VILLANUEVA

Para llegar a este cenobio desde Oviedo hay que dirigirse a Arriondas y allí tomar la N 625 que lleva a Cangas de Onís. En ella, estar muy atentos, nada más pasar Vega de los Caseros, al letrero que indica San Pedro de Villanueva. Para llegar a Villanueva es necesario torcer a la izquierda en la carretera y cruzar un puente sobre el Sella.

El **monasterio** se cree que fue fundado en el reinado de Alfonso I, el yerno de don Pelayo, que murió en el año 757, y se piensa que en aquella primera edificación pudieron ser enterrados el rey y su esposa Hermesinda. Sin embargo, la parte más antigua de lo que ha pervivido data del siglo XII, es decir, que es románica. Esta parte la forman los **ábsides**, la triple arquería del antiguo **claustro** y las portadas del sur y oeste. La **torre** románica primitiva fue derruida en 1685 y se levantó la actual, al mismo tiempo que se hacían reformas en el claustro y en la iglesia. Un siglo más tarde se construirán el coro y la puerta de la fachada sur, con el frontón triangular con hornacina y los dos escudos flanqueados por leones. El nuevo claustro se edificó dentro del estilo renacentista. De los restos románicos destaca su decoración.

En 1835 el monasterio fue desamortizado, comenzando un largo periodo de abandono. Su restauración se inicia en 1964 y, desde el año 1998, funciona como **Parador de Turismo**.

CANGAS DE ONÍS ✳

Nada más entrar al pueblo, a la derecha de la carretera, se encuentra el mal llamado **Puente Romano**✳, pues en realidad fue construido en el siglo XIII, dentro del estilo gótico. Es uno de los símbolos regionales. Frente a él la Casa Riera, casona indiana donde se ubica la oficina de turismo.

Oficina de Turismo de Cangas de Onís
✉ Casa Riera. Avda. de Covadonga, 1.
☎ 985 848 005.
🌐 www.turismocangasdeonis.com

Parador de Cangas de Onís
✉ Villanueva de Cangas, s/n.
☎ 985 849 402.
🌐 https://paradores.es

▼ Plaza del Ayuntamiento de Cangas de Onís, con la estatua de Don Pelayo y la iglesia de la Asunción al fondo.

▲ Puente romano
de Cangas de Onís, con
la cruz de la Victoria.

· · · · · · · · · ·

🅸 Centro de Recepción
de Visitantes del Parque
Nacional de Picos de
Europa. Casa Dago

✉ Avda. Covadonga, 43
(Cangas de Onís).

☎ 985 848 614.

🖥 http://parquenacional
picoseuropa.es

🕐 Con carácter general, todo
el año en días laborables,
de lunes a viernes, de 8 h a
15 h.
Un plan regula el acceso
de vehículos a motor a
los Lagos de Covadonga
durante los días de máxima
afluencia en Semana
Santa, verano (del 1 de
junio al 17 de septiembre)
y los puentes de mayo,
del Pilar y de diciembre.
Más información sobre
aparcamientos disuasorios
y transporte público en la
Casa Dago.

A un lado se extiende la avenida de Covadonga,
la calle principal. En el número 43 hay un edificio
destacable. Se trata de un caserón realizado con
elementos de lo que se considera arquitectura mon-
tañesa, construido en 1920. Es un bloque paralepi-
pédico hecho de mampostería y sillar calizo, con
una fachada adornada por un falso escudo. Se le
conoce como **Casa Dago** y en la actualidad alberga
el **Centro de Recepción de Visitantes del Parque
Nacional de los Picos de Europa** y es un punto de
información para sus visitantes.

Si el día en que se visita Cangas de Onís es domingo, merece la pena acercarse hasta la plaza del
Mercado, porque se encontrará aquí una amplia oferta de productos alimenticios de la tierra y, en especial, de quesos montañeses. Cerca de esa plaza se
levanta el **palacio de Cortés**, una sobria residencia
renacentista que cuenta con una torre-capilla adosada, del año 1680. Aunque no queda nada en el pueblo
que lo recuerde, Cangas de Onís fue la primera capital
del Reino de Asturias. En ella gobernaron don Pelayo,
Fáfila, Alfonso I y Fruela, desde el año 718 al 768. La
antigua iglesia de Santa María de Cangas funciona
como **Aula del Reino de Asturias** y la **ermita de
Santa Cruz** está construida sobre un dolmen.

CARDES

La misma avenida de Covadonga enlaza con la
circunvalación de la AS 114 y, a poco más de un
kilómetro, se encuentra el desvío que conduce al

pueblo de Cardes y en él el camino que lleva a la **cueva de El Buxu***. Esta angosta cueva encierra pinturas prehistóricas de los periodos Solutrense y Magdaleniense. Repartidos en tres islas, hay seis ciervos y un cervatillo, un caballo, un bisonte, un gamo, dos cabras, una figura que recuerda a un oso y otras representaciones fragmentarias de animales. Existen también signos tectiformes, es decir, figuras con forma de techo que podrían ser cabañas, trampas de caza o bien símbolos sexuales. La cueva de El Buxu fue descubierta en 1916. Su visita se hace con guía.

I COVADONGA ★★

Volviendo a la AS 114, a 3 km de Cardes se encuentra el pueblo de Soto de Cangas y aquí la desviación que lleva hacia Covadonga. Se puede ascender a pie por la pasarela fluvial y, atravesando el Jardín del Príncipe, desembocar al pie de la *Cova Dominica*, situada en la pared del monte Auseva y la **colegiata de San Fernando** o **casa de las Novenas**, que fue construida a mediados del siglo XVII. Tiene planta rectangular y se estructura en torno a un **claustro** de dos pisos, el primero de ellos formado por arquería de medio punto y pilares cuadrados y el segundo constituido por un corredor con balaustrada. En torno al claustro hay tres crujías: las dos que ocupan el lado norte y este albergan las dependencias residenciales –dormitorios, biblioteca, salones, sacristía–, la del lado sur es la

◀ Basílica de Covadonga.
▲ Escultura del rey Don Pelayo en Covadonga.

● ● ● ● ● ● ● ●

Cueva de El Buxu
✉ Cardes (Cangas de Onís).
☎ 608 175 467.
🕐 Abre todo el año.
Cierra lunes y martes.
Imprescindible reserva previa (horario de reserva de miércoles a domingo de 15 h a 17 h).
💶 3,13 € (miércoles gratuito).

🛈 La Santina centenaria

La Coronación de la Virgen de Covadonga tuvo lugar en septiembre de 1918, en un acto histórico que contó con la presencia de los reyes Alfonso XIII y Victoria Eugenia de Battenberg. En 2018 se conmemoró el hecho con un amplio programa de actos de interés para devotos y viajeros de todo el mundo.

El bable

Lengua o dialecto, según las opiniones, el bable es el "habla" en el que se entienden los asturianos. Precisamente "bable" viene de la palabra latina *fabula*, que significa "habla", y de ella derivó *babula* y *babla*. Los astures que vivían tras la Cordillera Cantábrica aceptaron el latín como su lengua propia, aunque en otros aspectos fueran menos afectados por la romanización que la mayor parte de los habitantes de la Península. El bable es una prueba viviente de ello ya que, en una gran parte de su vocabulario, está mucho más cerca de sus raíces latinas que, por ejemplo, el castellano. En ello influye también el hecho de que los visigodos apenas entraran en esa región y el que los árabes tuvieran una presencia casi nula, con lo cual ha recibido menos aportes lingüísticos que el resto de la Península. Por otra parte, hay vocablos de raíz latina que en castellano se consideran arcaicos y que en bable están en pleno uso, al no haber recibido tantas influencias externas. Palabras bables próximas al latín son *masera*, artesa, del latín *massa; esperteyo*, murciélago, de *vespertilio; peslar,* cerrar con llave, de *pessulare; vesdasca,* varita, de *virgula*... por citar algunos ejemplos. Desde mediados de los años setenta del siglo XX, intelectuales y escritores asturianos están intentando una recuperación del bable, una lengua que es rica en vocabulario y estructuras gramaticales, pero que no tuvo una Academia que se ocupara de pulirla y fijarla hasta 1981, año en que se creó la Academia de la Llingua Asturiana. Las primeras noticias sobre el bable se remontan al siglo XVI y se habló en una zona mucho más amplia que Asturias, que coincidía con el antiguo Reino de León. Pero a finales del siglo XIX ya solo se utilizaba en lo que es el actual Principado.

Un reino milenario

Asturias celebró en 2018 un cumpleaños muy especial. Hace 1.300 años, el caudillo astur Pelayo lideró una rebelión (718) que culminó en la batalla de Covadonga, la derrota de los invasores musulmanes y el establecimiento de un pequeño núcleo de poder en *Cánicas,* la actual Cangas de Onís. Nacía así el Reino de Asturias, primer reino cristiano de la Península ibérica.

iglesia, un templo de una sola nave dividida en tres tramos y cubierta con bóveda estrellada, que tiene además una **torre** cuadrada de cuatro alturas. Esta torre fue construida sobre la roca en el decenio que va de 1670 a 1680. En el lado oeste del claustro ha quedado una pared de roca en la que hay una **cripta** en donde se da sepultura a los abades. Flanqueando la entrada de la cripta se hallan dos nichos adornados con abundante decoración geométrica y vegetal. Uno de ellos cuenta también con unas ménsulas antropomórficas y zoomórficas. Estos dos arcosolios contienen los restos de dos abades del siglo XI. La portada principal de la colegiata de San Fernando tiene un cuerpo de sillería en el que hay una puerta con moldura de orejas y un remate triangular con un escudo. La **capilla,** en donde se celebra culto a la Virgen de Covadonga, se debe a la mano del arquitecto Luis Menéndez Pidal y fue edificada después de la Guerra Civil, tomando como punto de referencia el prerrománico de la etapa ramirense.

Parece que la cueva en la que se refugiaron don Pelayo y sus seguidores antes de obtener la supuestamente magna y milagrosa victoria de Covadonga era un lugar en el que ya se practicaba algún culto pagano. Tras la ayuda de la Virgen a don Pelayo, esta oquedad abierta en los acantilados de Auseva se convertiría en lugar de culto cristiano. Alfonso I levantará después, en el año 740, la primera capilla de la Cueva Santa, en honor a la Santina. Más tarde, se construirían las nuevas edificaciones que albergaron a las sucesivas órdenes religiosas que custodiaron el lugar. En 1777, en un incendio, arden la iglesia en donde se veneraba a la Santina, la propia imagen de la Virgen y todas las dependencias monacales. En 1875 Roberto Frassinelli diseña una nueva capilla que luego será sustituida por la citada de Menéndez Pidal.

Para llegar a la cueva, hay que subir 105 peldaños que bordean un pozo al que acompaña una tradición según la cual, si se echa en él una moneda y se formula un deseo, ese deseo se verá cumplido. Al lado, un camino conduce a la fuente del Matrimonio, llamada así porque, según la creencia popular, quien bebe sus aguas se casa antes de un año.

De Covadonga sale la carretera de Los Lagos, 12 km que conducen hacia el interior del **Parque Nacional de los Picos de Europa****. El parque, desde su última ampliación en 2015, abarca una extensión de 67.127 ha (con un área de influencia socioeconómica de 134.614 ha). El 21 por ciento de su superficie está cubierto de árboles de diversas especies. La más común es el haya, pero también hay encinas, robles, quejigos, rebollos y abedules. En cuanto a flora, abundan los brezales con árgomas y las genistas. Y un seis por ciento del parque está ocupado por bucólicas praderías. En cuanto a la fauna, el animal más representativo es el rebeco, cuya caza está prohibida, con lo que se ha conseguido que aumente considerablemente el número de estos animales aquí y en todos los Picos de Europa. Las aves que habitan el parque son buitres leonados, alimoches y águilas reales, entre otras; el urogallo, aunque suele vivir en los hayedos, prácticamente no existe. Otros dos animales amenazados son la cabra montés y el quebrantahuesos, del que existe un centro de interpretación encargado de su reintroducción en Benia de Onís [**ver pág. 108**]. Covadonga fue declarado Parque Nacional en 1918.

A 8 km del Real Sitio, por la carretera de Los Lagos, está el **mirador de la Reina,** que ofrece una hermosa vista sobre el valle de Onís. Un poco más

▲ Parque Nacional de los Picos de Europa.

🏞 Un Parque Nacional con más de 100 años

El primer nombre que tuvo el Parque Nacional de los Picos de Europa fue el de Parque Nacional de la Montaña de Covadonga. En 1918, Alfonso XIII otorgó al entorno de la montaña de Covadonga la primera declaración de Parque Nacional de España (y la segunda en todo el mundo). Un espacio natural centenario y un espacio pionero...

Centro de Visitantes "Pedro Pidal"

✉ Lagos de Covadonga (Cangas de Onís).

☎ 985 848 614.

🌐 https://parquenacionalpicos europa.es

🕐 Abre en verano, Semana Santa, puentes y festivos nacionales.

adelante, pasado el collado de las Veleras, se halla el *lago Enol**,* en el límite nororiental de la vega que lleva su nombre. El Enol tiene origen glaciar, aunque una leyenda dice que nació después de que la Virgen pidiera posada a unos pastores y ellos se la negaran. La Señora, en castigo, anegó chozas y pastores. Este lago se encuentra a 1.070 m de altitud. A su lado está la *Porra del Enol,* una cima de fácil acceso desde la que se domina una bella panorámica, que incluye el macizo central.

Carretera adelante hasta donde termina, se llega al otro gran lago del parque: el *lago de la Ercina**,* que está en regresión. Es de escasa profundidad –unos 2 m–, y ha sido invadido por la vegetación. Esto ha creado un hábitat que permite que vivan en sus orillas ánades reales y fochas, además de sapos parteros, tritones alpinos y ranas rojas. En sus aguas abunda la trucha arco iris como fruto de una repoblación realizada hace tiempo. Después, a la trucha se sumaron también la tenca, el piscardo y el cangrejo. Los lagos Enol y Ercina aparecen separados por los picos Mosquital y Bricial.

La ruta circular entre los lagos de Enol, Ercina y las **minas de Buferrera** completa, junto a la visita al Centro de Interpretación "Pedro Pidal", el itinerario básico una vez alcanzado el final de la carretera.

▼ Lago de Enol.

Playas y arte del oriente astur

Gijón es el punto de partida de esta excursión por la costal oriental del Principado: la autovía A 8 ha acercado sus destinos principales (Villaviciosa, Tazones, Lastres, Colunga, Ribadesella y Llanes, entre otros), lo que facilita los desplazamientos.

▌ VILLAVICIOSA ★★

Este pueblo tiene un interesante casco antiguo y una hermosa iglesia: **Santa María de Oliva.** El templo aparece situado en el centro de la población, en el camino de la carretera de Oviedo. Su estilo podría calificarse de protogótico, a pesar de que fue construido en el último cuarto del siglo XIII. Es de planta rectangular, con una sola nave cubierta con estructura de madera, con bóvedas de cañón apuntado y de crucería nervada en la cabecera. El muro sur tiene adosado un pórtico diáfano. La parte más decorada del exterior de la iglesia son las portadas sur y oeste, esta última, **portada principal,** que exhibe un rosetón, cuatro arquivoltas ornadas con zigzags y tetrapétalos, y columnas de fustes labrados y capiteles con escenas en las que aparecen hombres y animales. En la **portada sur** hay dos arquivoltas y cuatro columnas de capiteles labrados con motivos de caza.

Tras la iglesia, la plaza Obdulio Fernández Pando acoge la escultura de **La Manzanera** (1932), fundida por Mariano Benlliure. Cerca se encuentran las calles del Sol y del Agua, centro del núcleo urbano de Villaviciosa, por los que merece la pena pasear para ver sus casas de estilo barroco o montañés.

Además de su patrimonio monumental, Villaviciosa es localidad sidrera por antonomasia. Llegando se suceden las plantaciones de manzanos, las pumaradas, de las cuales la de La Rebollar está considerada la más grande de Asturias. Igualmente interesantes son los *llagares* tradicionales, bodegas donde se elabora la sidra. Como sidrería industrial, Villaviciosa tiene el honor de albergar las instalaciones de **El Gaitero,** que se pueden visitar en un recorrido que repasa la historia de la empresa, fundada en 1882.

A las afueras del casco urbano queda el estuario de la *ría de Villaviciosa★★,* un rico territorio de marismas que forma parte de la Red de Espacios Naturales Protegidos del Principado desde 1995.

🛈 Oficina de Turismo de Villaviciosa
✉ Casa de los Hevia.
Agua, 29.
☎ 985 891 759.
🖥 www.turismovillaviciosa.es

Colección Permanente El Gaitero
✉ Bodegas El Gaitero.
La Espuncia s/n (ctra. N 632 dirección Santander).
Villaviciosa.
☎ 985 890 100.
🖥 www.sidraelgaitero.com
🕐 Consultar horario visitas guiadas según temporada.

🛈 Centro de Interpretación de la Ría de Villaviciosa
✉ Ctra. VV 5. Villaviciosa el Puntal.
☎ 610 543 522.
🖥 www.turismovillaviciosa.es

La sidra

Algunas regiones del mundo cuentan con una bebida emblemática, con un licor o una destilación que las define. Asturias tiene la sidra, la bebida alcohólica, de poca graduación, resultante de la fermentación de la manzana. Durante siglos, la sidra ha sido el refresco que han utilizado los agricultores para combatir los agobios de la siega de verano y, también, el trago que aclaraba la garganta para elevar la voz en los orfeones improvisados de las tabernas, a las que los asturianos llaman popularmente *chigres*.

Hay dos tipos de sidra: la "natural", que es amarga, y la espumosa y dulce. La primera es la que suele consumirse en la región, la que se utiliza para ciertos guisos y también la que se "tira" desde lo alto contra el vaso para provocar una cierta espuma natural que elimina las impurezas. La segunda, la achampañada, tiene un proceso más complicado, en el que en ocasiones interviene la química y en la que se utiliza con frecuencia el azúcar. La sidra se elabora en el *llagar*, un tipo de prensa de fabricación de bebidas en el que el romano Plinio, hace casi dos milenios, distinguía elementos de singular conformación. La *espicha* es una ceremonia, que ha dado pie a fiestas populares, que consiste en la apertura de las barricas donde se contiene la sidra elaborada unos meses antes. Con la sidra se guisan chorizos y hay un plato especial preparado con merluza. La sidra se "tira" desde encima de la cabeza a un vaso de boca ancha, procurando que el hilo de la bebida golpee en el borde superior del vaso, que "rompa" sobre el cristal antes de caer al seno del recipiente [ver pág. 19].

TAZONES

Auténtico puerto asturiano de apenas 300 habitantes que antes fue ballenero y ahora ofrece algunas de las mejores mesas asturianas para degustar pescados y mariscos. La localidad no tiene un gran patrimonio monumental, pero su atractivo reside en la autenticidad de las sencillas casas marineras, la lonja de pescado y las cetáreas de marisco. En su pequeño puerto desembarcó Carlos V en su primer viaje a la Península (en 2017 se conmemoró el V Centenario del acontecimiento que puso a Tazones en el mapa de la historia de Europa).

VALDEDIÓS ✱

Para ir a Valdediós desde Villaviciosa hay que tomar la carretera. AS 113, hacia Oviedo, que sale al lado del templo de Santa María de Oliva. A 7 km, pasado Ambás, se halla el desvío a la **iglesia de San Salvador de Valdediós**, la joya prerrománica del reinado de Alfonso III. El templo se levanta en medio de un hermoso valle, con sus esbeltas proporciones y una envergadura considerable, teniendo en cuenta el tamaño de los templos asturianos.

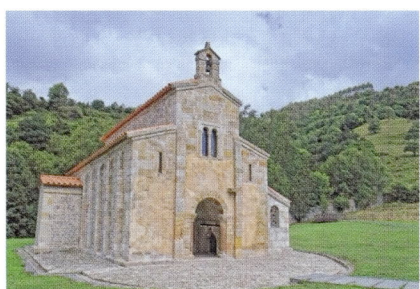

▲ Iglesia de San Salvador de Valdediós.

Tiene tres naves con cubierta abovedada y separadas entre sí por arcos de medio punto apoyados en pilares cuadrados. Su ábside es tripartito y las columnas que flanquean las capillas absidiales están hechas de mármol y pórfido. Posee también una tribuna a la que se accede por unas empinadas escaleras de piedra.

Es de destacar la iluminación, que proviene de numerosos huecos, algunos con arquillos de herradura enmarcados por un alfiz, solución decorativa árabe, empleada en la mezquita de Córdoba. Todo el interior de esta iglesia se halla cubierto por restos de pinturas con motivos geométricos y vegetales. En el exterior, una lápida recuerda que fue consagrada el 16 de septiembre del año 893 por siete obispos.

En el mismo recinto cercado que el templo de San Salvador se encuentra el edificio de la **iglesia** y **monasterio de Santa María,** siglo XIII, aunque tanto la iglesia como el claustro del monasterio sufrieron obras en el siglo XVI: de esa época son los arcos de medio punto y carpaneles del claustro. Es de estilo cisterciense, excepto los pórticos que se realizan en el siglo XVII. La iglesia es de planta basilical, con tres ábsides semicirculares escalonados, que se hallan en la actualidad algo hundidos por la poca firmeza del suelo. Las naves están separadas por arcos apuntados que descansan sobre pilares cruciformes, ornados con semicolumnas de capiteles de hojas y entrelazos. En las instalaciones conventuales hay una escuela taller de restauración.

I NAVA

Desde Valdediós se puede alcanzar Nava, el centro neurálgico del triángulo sidrero asturiano, donde se ubica el **Museo de la Sidra** y algunos de los lagares más famosos de Asturias, como **Viuda de Angelón.** En el museo hay montajes audiovisuales que explican el ciclo completo de producción que

Conjunto Monástico de Valdediós
- 985 974 966.
- https://monasterio valdedios.com
- Del abril a septiembre, martes a domingo de 10.30 h a 13.30 h y de 16 h a 19 h. De octubre a marzo, martes a domingo de 10.30 h a 13.30 h. Cierra lunes.
- 6 €.

Museo de la Sidra
- Pza. Príncipe de Asturias, s/n. Nava
- 985 717 422.
- www.museodelasidra.com
- En invierno, de martes a viernes de 12 h a 15 h y de 17 h a 20 h; sábado de 12 h a 16 h y de 17.30 h a 21 h; domingo, de 12 h a 15 h. En verano, martes, de 13 h a 15 h y de 17 h a 21 h; de miércoles a sábado, de 12 h a 15 h y de 17 h a 21 h; domingo de 13 h a 15 h y de 18 h a 21 h.
- 4 €.

San Salvador de Priesca
- 985 976 712, 684 636 089.
- Julio y agosto, martes y viernes de 17 h a 19 h. Resto del año concertar visitas.

Oficina de Turismo de Colunga / Lastres
- Plaza de la Iglesia, s/n.
- 985 852 200.
- www.turismocolunga.es

Museo del Jurásico de Asturias (MUJA)
- Ctra. AS 257, km 1,5. Rasa de San Telmo (Colunga).
- 985 185 860.
- www.museojurasico asturias.com

▼ Museo del Jurásico de Asturias.

en el caso concreto de Nava tiene en el mes de julio su momento álgido, cuando se celebra el Festival de la Sidra Natural, lugar de encuentro donde los haya.

PRIESCA

Regresando de nuevo a Villaviciosa y tomando aquí la carretera N 632 en dirección a Santander, tras recorrer unos pocos kilómetros, aparece a la derecha una desviación hacia Priesca.

Para llegar a la **iglesia de San Salvador*** hay que recorrer aún 2,5 km y subir a lo alto de una colina. El templo se encuentra rodeado de casas modernas. Es algo más grande que el de Valdediós y también pertenece al prerrománico asturiano de Alfonso III. Sus tres naves se encuentran cubiertas por armadura de madera vista, mientras el ábside tripartito tiene bóvedas de cañón. Al igual que en Valdediós, las paredes interiores guardan restos de pinturas geométricas, vegetales y de motivos arquitectónicos.

LASTRES ✱

Desde Priesca se aconseja buscar de nuevo la A 8 y la N 632 para alcanzar después, en la costa, la bella localidad marinera de Lastres. El pueblo está colgado de un acantilado desde donde se desparraman casas con galería. El descenso se puede hacer a través de calles estrechas y escaleras que sortean algunos edificios históricos, como el palacio de Victorero, la torre del reloj, la iglesia de Santa María de Sábada y la fuente de la Regallina, hasta llegar al puerto, antiguamente ballenero, donde hay unos cuantos *chigres* que asan sardinas y pescados. Lastres fue el escenario de rodaje de la popular serie televisiva *Doctor Mateo*.

COLUNGA ✱

La villa de Colunga es la señorial capital de un concejo que cuenta con un notable patrimonio histórico y con algunas de las mejores *playas* del oriente, incluida la de *La Griega* y sus icnitas. Desde Lastres la AS 257 conduce al museo más visitado del Principado: el **Museo del Jurásico de Asturias (MUJA).** El primer valor del museo es su propia ubicación en una colina desde la que se divisa una magnífica franja de litoral y la sierra del Sueve en lo que se ha llamado paisaje jurásico, por el gran número de huellas y vestigios hallados.

En el casco urbano de Colunga, plaza de Santa Ana y antigua calle Real, se pueden observar excelentes ejemplos de arquitectura palaciega y casas de indianos como el **palacio Álvarez de Colunga,** sede del Ayuntamiento, o la **casa** renacentista **de Alonso Covían,** obra del siglo XVI, con enorme blasón sobre el balcón principal.

Dentro del concejo de Colunga también se incluyen los pueblos de **Huerres,** con típicas viviendas de corredores, conjuntos de hórreos y paneras y un original potro de herrar; y **Gobiendes,** donde destacan el **palacio de Gobiendes** y la **iglesia de Santiago,** que pese a ser un templo de la última etapa del prerrománico asturiano, lamentablemente ha sufrido numerosas reformas que no han respetado su primitiva estructura.

I SIERRA DEL SUEVE

Está repartida entre los concejos de Colunga, Caravia, Ribadesella, Piloña y Parres. Un paisaje agreste en el que se suceden pomaradas, hórreos y caseríos con la costa como telón de fondo y con unas praderías donde pastan unos pocos asturcones, una raza de caballos semisalvajes, que aún subsisten en estado puro.

La cota más alta de la sierra es el pico Pienzu (1.159 metros), que fue en la antigüedad faro natural para los navegantes. Ascensión más cómoda se puede llevar a cabo por la AS 260 en dirección a **Arriondas** hasta el **mirador del Fitu★,** desde

▼ Vista de Lastres.

donde se abarca una panorámica del mar y los Picos de Europa.

Caravia cuenta con el arenal de Morís (770 m de arena dorada), una de las playas en las que aún es posible disfrutar de cierta calma que es, además, una de las más reputadas para la práctica del surf.

· · · · · · · · ·
🏠 Oficina de Turismo de Ribadesella
✉ Pº Princesa Letizia, s/n.
☎ 985 860 038.
🖥 www.ribadesella.es

RIBADESELLA ★★

La localidad se extiende a lo largo de las dos márgenes de la desembocadura del río Sella. En la izquierda está el casco antiguo, declarado conjunto histórico artístico. En él destacan los caserones de los siglos XVII y XVIII, y en especial el **palacio de los Prieto Cutre,** actual Ayuntamiento, donde se alojó Carlos V cuando llegó a España, procedente de Alemania. Este palacio se construyó en el siglo XVI y es de estilo renacentista.

Cada primer domingo de agosto Ribadesella se convierte en una gran fiesta a la que asisten cientos de miles de personas. El motivo es el **Descenso Internacional del Sella**, una competición deportiva a la que acuden piragüistas de todo el mundo y espectadores solo comparables en número a los que llegan a participar en los Sanfermines. Es una competición que tiene una larga tradición.

▼ Pinturas rupestres de la cueva de Tito Bustillo.

La **cueva de Tito Bustillo**★★ está dentro del mismo Ribadesella, gracias a un túnel de 165 m que se construyó en 1970 para hacer más fácil su acceso. En la actualidad tiene un régimen de visitas muy reducido (15 personas por pase, 150 personas al día) para garantizar la preservación de las pinturas rupestres, por lo que es obligatorio reservar.

Aparte de sus importantes **pinturas** prehistóricas, la cueva es todo un espectáculo en sí como formación geológica. Su iluminación indirecta y escasa para evitar daños aumenta el impacto que producen las originales formas de paredes, techos y suelos, que crean un ambiente semejante al que los grandes imaginativos del cine han inventado para sus películas de guerras entre dos mundos. La oquedad ha sido excavada por el río San Miguel, que todavía corre por su interior y cuando se desborda impide el acceso a la cueva.

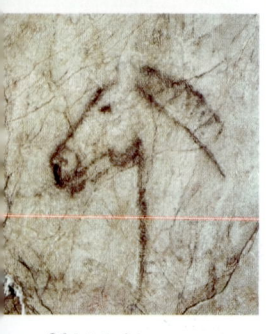

Declaradas Patrimonio Mundial por la Unesco en 2008, las pinturas pertenecen al Solutrense y al Magdaleniense medio, es decir, que se realizaron entre 20.000 y 15.000 años antes de nuestros días. Durante siglos, los hombres que habitaban la zona en esos periodos vivieron y pintaron en la cueva, de modo que muchas figuras cubren otras anteriores. El animal más representativo de Tito Bustillo es el

▲ Ribadesella.

caballo. En el panel donde se conserva el mayor número de pinturas hay uno de casi 2 m, realizado en mancha llena de colores siena, violeta y negro. A su lado hay también varios cérvidos. Aparte de las representaciones de animales, en otro lugar de la cueva pueden verse unos signos escutiformes que se supone pueden ser vulvas femeninas, que invocarían la fecundidad. Los colores están fabricados con óxidos, carbón vegetal y mezclas de sangre y grasa animal.

Junto a la cueva está el **Centro de Arte Rupestre de Tito Bustillo,** con una exposición permanente que explica el descubrimiento de la cueva, su valor geológico y la importancia de las pinturas rupestres que atesora en el interior.

I LLANES ★★

El concejo de Llanes, desde Ribadesella hasta Ribadedeva, detenta el título de pueblo con más *playas* de toda Asturias. La primera interesante es la de *Cuevas del Mar,* junto al pueblo de Nueva, con un arenal rodeado por un pequeño acantilado en el que el mar ha excavado cuevas y oquedades. Antes de llegar a la magnífica playa de San Antolín, en la desembocadura del río Bedón, *Gulpiyuri* es la playa más sorprendente de Asturias, ya que se trata de un arenal situado en medio de una campa en la que el agua entra por debajo de las rocas sin que se llegue a ver el mar. Está declarada Monumento Natural del Principado.

Las dos playas a las que se accede desde el pintoresco pueblo de Niembru son la nudista *Torimbia,*

Centro de Arte Rupestre de Tito Bustillo
- ✉ Ardines (Ribadesella).
- ☎ 985 185 860.
- 🌐 www.centrotitobustillo.com
- 🕐 Abierta de mediados de marzo a finales de octubre, de miércoles a domingo, de 10.15 h (primer pase) a 17 h (último pase).
- 🎟 Centro de Arte Rupestre: 5,45 €.
  Cueva de Tito Bustillo: 4,14 € (imprescindible reserva previa).
  Miércoles día de acceso gratuito.

🛈 Oficina de Turismo de Llanes
- ✉ Marqués de Canillejas, 1 (antigua Lonja de Pescado).
- ☎ 985 400 164.
- 🌐 www.llanes.es

de acceso peatonal, y la más accesible *Toranda,* rodeada de campas de un verde intenso.

Llanes posee un importante número de monumentos dignos de verse. Para una visita rápida se puede partir del extremo de la calle Alfonso IX que desemboca en la del Castillo. Allí se encuentran el casino y el Ayuntamiento del pueblo.

El **casino** es un edificio de inspiración modernista, construido entre 1909 y 1910 con capital de llaniscos indianos. Su profusa decoración "ecléctico-barroquizante", tras vivir tiempos de gloria, cayó en una triste decadencia de la que se recuperó al ser restaurada en 1989. El Ayuntamiento fue edificado el siglo XIX dentro del estilo neoclasicista.

Un poco más arriba de la calle Alfonso IX, se halla **La Torre,** una construcción del siglo XIII, hoy día el único resto de una fortaleza que hubo de afrontar, entre otros ataques, el del inglés Drake, en el año 1586.

Siguiendo Alfonso IX hasta la calle de la *playa del Sablón,* se encuentra primero el palacio de los Duques de Estrada y, más allá, la casa del Cercau. El **palacio de los Duques de Estrada** fue una magnífica residencia barroca, levantada en el siglo XVII. Sufrió luego un incendio y el saqueo de las tropas francesas, en 1809, y desde entonces no ha recuperado su grandeza primitiva. Frente a la finca está la que encierra el palacio-capilla de los Posada, popularmente conocida como la **casa del Cercau.** Parte del cerramiento que la rodea constituye el

▼ Playa de Torimbia.

muro medieval que protegía la localidad. La mayor parte de la casa se construyó en los siglos XVII y XVIII.

Bajando por la calle que separa la casa del Cercau y el palacio de los Duques de Estrada, se encuentra la **iglesia de Santa María del Concejo**. Este templo gótico fue construido en el siglo XIII sobre otro románico, del que se conservan algunos elementos, aunque solo se consagraría dos siglos más tarde. Posee dos naves laterales cubiertas con bóveda de crucería nervada y una nave central con bóveda estrellada y nervada. La cabecera es poligonal. El retablo mayor, del primer cuarto del siglo XVI, es plateresco.

Tomando la calle Posada Argüelles se llega a la plaza de Santa Ana y al **palacio de Gastaña**. Este palacio se edifica en los siglos XIV y XV, se reconstruye en el XVII después de que se cayera su pared oriental –que formaba parte de la muralla del pueblo–, y se le añade al bloque principal el tercer piso, en el siglo XVIII, dentro de los presupuestos neoclásicos.

A través de la calle Mayor se puede acceder al pintoresco **puerto** de Llanes. En la bocana se encuentran las instalaciones más modernas, con una lonja inaugurada en julio de 2008 y una escollera donde el pintor vasco Agustín Ibarrola llevó a cabo su intervención artística llamada *Los cubos de la memoria.*

El recorrido final se puede realizar por la carretera N 634, con una parada obligada en Puertas de Vidiago, donde se alza el **ídolo de Peña Tú★**, un monumento de la Edad del Bronce consistente en una enorme roca cuyo sentido no se conoce exactamente, aunque se supone que es funerario. También es visible desde el lado derecho de la carretera.

Pasado el pueblo de **Santiuste**, el primer desvío a la izquierda conduce a **Pimiango** y allí aparece bien señalizada la dirección que conduce a la **cueva de El Pindal★**, una caverna de unos 400 m de profundidad que se abre en el acantilado de la costa. Las pinturas son figuras de animales y signos de formas diversas. Pertenecen a los periodos Auriñacense y Magdaleniense.

Los peregrinos que siguen el Camino a Compostela por el litoral tienen en el concejo de Llanes, entre Bustio (Ribadedeva) y Guadamia, parte de la Senda Costera a la que se ciñe la ruta. Además, es imprescindible la visita a **Porrúa**, declarado Pueblo Ejemplar de Asturias 2005, donde se sitúa el **Museo Etnográfico del Oriente de Asturias.**

▲ Ídolo de Peña Tú.

• • • • • • • • •

Cueva de El Pindal
✉ Ctra. Mirador del Picu al Faro (Pimiango).
☎ 608 175 284.
🖥 https://yacimientos.asturias.es/cueva-del-pindal
🕐 Abre todo el año de miércoles a domingo. Imprescindible reserva telefónica previa (de miércoles a domingo de 15 h a 17 h).
💶 3,13 €.

• • • • • • • • •

Museo Etnográfico del Oriente de Asturias
✉ Barriu Llacín, s/n (Porrúa).
☎ 985 402 547.
🖥 https://etnoriente.com
💶 3 € (martes acceso gratuito).

Playas y arte del occidente

El occidente del Principado, una vez concluido el trazado de la A 8, ha acercado algunos de los destinos hasta hace poco tiempo más remotos del litoral e interior asturiano. El camino tiene varias paradas imprescindibles, de Avilés y Cudillero a Luarca, Tapia de Casariego y la comarca Eo-Oscos.

Oficina de Turismo de Avilés
Ruiz Gómez, 21.
985 544 325.
https://aviles.es
Abre todo el año

B1
Iglesia de los Padres Franciscanos
Capilla de los Ángeles
Capilla de los Alas
Palacio de Valdecarzana

AVILÉS ✱

El punto de partida de este recorrido es Avilés, tercera localidad asturiana y una de las más castigadas por las reconversiones siderúrgicas y las crisis económicas, pero que en las últimas décadas resurge con nuevos proyectos industriales y planes urbanísticos de alcance.

Avilés fue el principal centro comercial y artesanal de Asturias durante la Edad Media, y su mayor motor económico a partir del siglo XIX gracias a la industria siderúrgica.

Para conocer el casco antiguo se puede empezar el paseo en la estación central de autobuses, situada en la avda. de los Telares, a un paso del Parque del Muelle. Frente al mismo se encuentra la **calle de la Ferrería,** la que tiene más restos del viejo Avilés.

Al principio de la Ferrería se hallan el **MHUA** y la **iglesia de los Padres Franciscanos,** cuyo edificio primitivo fue levantado a finales del XII y principios del XIII. De finales del XII es su portada principal, románica, con tres arquivoltas profusamente ornadas y seis columnas de capiteles. Al lado de la portada descrita está la **capilla de los Ángeles,** construida a finales del siglo XV. Sobre su puerta se muestra el escudo nobiliario del caballero que la mandó levantar: don Pedro Solís. Su interior es de estilo plateresco.

Adosada a la iglesia se encuentra, asimismo, la **capilla de los Alas,** un edificio funerario de planta cuadrada, hecho con sillería regular dentro del estilo gótico asturiano. Los Alas fundaron esta capilla en 1346 y en su suelo se ven cuatro lápidas de miembros de esta familia que fueron inhumados aquí entre 1369 y 1476. Su escudo de armas aparece sobre la puerta de entrada. En la iglesia vecina está enterrado don Pedro Menéndez de Avilés, conquistador de la Florida, que murió en 1574.

Más adelante, en la misma calle de la Ferrería, se levanta otro edificio gótico del siglo XIV: el **palacio**

AVILÉS

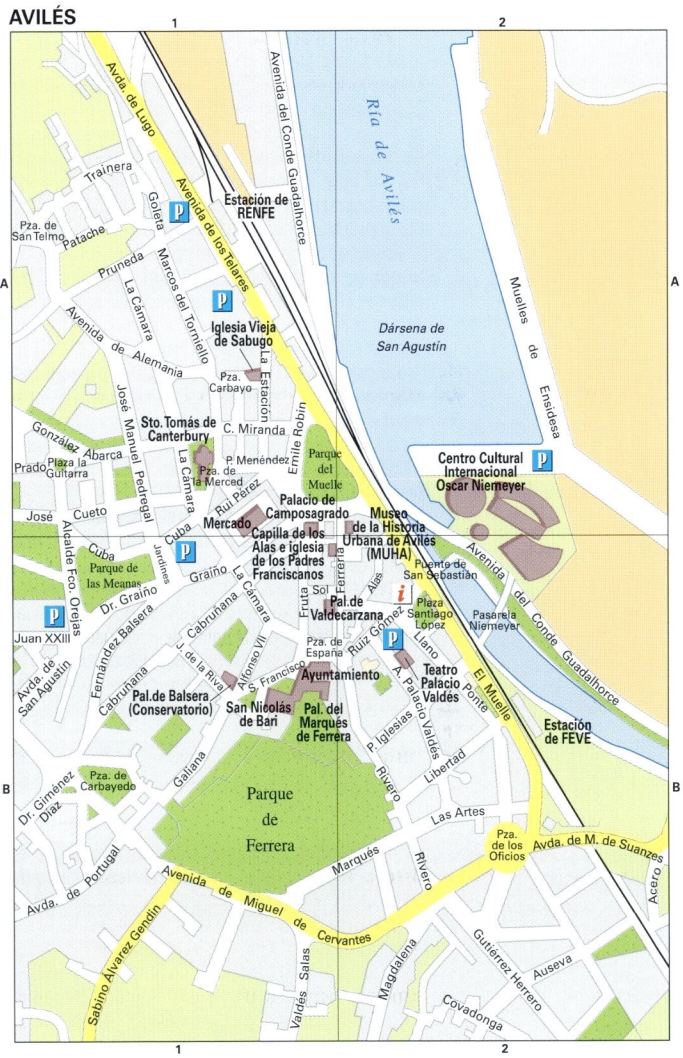

de **Valdecarzana** o **casa de la Baragaña**. Su fachada principal da a la calle del Sol, pero la parte que ha conservado su estilo primitivo es esta de Ferrería. Continuando hasta el final de la calle se llega a la plaza de España. Perteneciente al ensanche barroco, esta tiene destacados monumentos: el Ayuntamiento, el palacio de Llano Ponte y el palacio de Ferrera.

🕐 B1
Ayuntamiento
Palacio del Marqués de Ferrera
Iglesia de San Nicolás de Bari

🕐 A-B2
Centro Cultural Internacional Oscar Niemeyer
📍 Avda. del Zinc, s/n.
☎ 984 835 031.
🌐 www.centroniemeyer.es
🕐 Horario de apertura de la plaza: todos los días de 8 h a 24 h.
Horario de taquillas: todos los días de 10.30 h a 14.30 h y de 15.30 h a 19.30 h (a 20.30 h en verano).

▼ Centro Cultural Internacional Oscar Niemeyer.

El **Ayuntamiento** es un edificio del siglo XVII, realizado según planos de Ventura Rodríguez, que ha conservado en perfecto estado la fachada primitiva. El **palacio de Llano Ponte,** emplazado en la calle de Rivero, posee elementos renacentistas, a pesar de haber sido edificado a finales del siglo XVII. Muestra una bella decoración exterior, y una apariencia sólida por su primer piso porticado con pilares sobre los que descansan arcos de medio punto.

Merece la pena darse un paseo de ida y vuelta por la calle de Rivero, bajo sus soportales, para apreciar el carácter señorial y marinero de la Avilés de siglos pasados, con la **ermita de San Pedro** y el acceso este al **Parque de Ferrera.**

De nuevo en la plaza de España, el **palacio del Marqués de Ferrera** se sitúa frente al Ayuntamiento. Es un edificio de finales del siglo XVII y principios del XVIII, de inspiración renacentista, aunque se adorna con un escudo barroco. Desde hace años se explota como hotel de lujo.

Pegada a él aparece la **iglesia de San Nicolás de Bari,** que reúne una diversidad de estilos que reflejan la época de su construcción y las sucesivas reformas. Hay restos del siglo XIII, románicos; del XIV, góticos; la torre es del XVI, y el pórtico del XVII. La fuente situada cerca de la torre es del XVIII.

Frente a la iglesia discurre la **calle Galiana,** otra de las viejas rúas con soportales del antiguo Avilés. Bajo los mismos abren numerosos bares y vinotecas

El Centro Niemeyer

En los terrenos que antiguamente ocupaba la empresa siderúrgica pública Ensidesa, en la desembocadura de la ría de Avilés y a pocos pasos del centro urbano, se inauguró en marzo de 2011 el **Centro Cultural Internacional Oscar Niemeyer,** un proyecto promovido por la entonces Fundación Príncipe de Asturias para conmemorar el 25 aniversario de sus premios y financiado por el gobierno regional como imán de conocimiento y creación artística para el Principado y como contribución a la regeneración urbanística de un área deprimida por las sucesivas reconversiones y en pleno proceso de transformación como es la ría avilesina.

El centro ocupa un espacio dentro de la denominada *Isla de la Innovación* y es la aportación gratuita que hizo el ya fallecido arquitecto brasileño Oscar Niemeyer respondiendo a la convocatoria de la Fundación a todos sus premiados. Está constituido por una serie de edificios orientados a la ría, con conexiones peatonales con la villa a través de una pasarela que cruza el tendido ferroviario y el cauce de la ría, y conectados entre sí por una enorme ágora donde se sitúan la cúpula (inaugurada el 15 de diciembre de 2010), el auditorio, un espacio diáfano dedicado a albergar exposiciones, otro polivalente con salas de conferencias, reuniones y cine y una torre mirador con vistas al entorno (donde se sitúa un restaurante). Se trata de la única obra en España de este arquitecto, autor de la ciudad de Brasilia y coautor, junto con Le Corbusier, de la sede de Naciones Unidas en Nueva York, y se ha convertido en uno de los iconos emblemáticos de Asturias junto a otros monumentos de Avilés, como la ya popular obra de Benjamín Menéndez, llamada *Avilés,* que desde 2005 preside la ría.

▶ Vista de Cudillero.

⏱ B1-2
Parque de Ferrera

⏱ B1
**Palacio de Balsera
(Conservatorio)**

⏱ A1
Palacio de Camposagrado

⏱ A2
**Museo de la Historia Urbana
de Avilés (MHUA)**
✉ La Ferrería, 35.
☎ 985 565 512.
🖥 www.aviles.es
⏱ De martes a viernes, de
10.30 h a 13.30 h y de 16
h a 20 h; sábado, de 11 h
a 13.30 h y de 16 a 20 h;
domingo y festivos, de 11 h
a 13.30 h. Lunes cerrado.
🎫 Acceso gratuito.

⏱ A1
**Mercado de Abastos
Iglesia de Santo Tomás
de Canterbury
Iglesia de Sabugo**

que, en época estival, se llenan de terrazas y gentes. Frente a los soportales se sitúa el gran pulmón verde de la villa, el **parque de Ferrera,** con 81.000 m² de extensión. Se trata de un parque que combina praderías de estilo inglés con un jardín francés de rasgos palaciegos y árboles centenarios y que engarza con el tramo del Camino de Santiago que atraviesa la ciudad por la calle del Rivero, junto a la capilla del Cristo.

El paisaje urbano que rodea a este templo es muy variado arquitectónicamente y de su conjunto merece especial atención el **palacio de Balsera,** situado en el número 2 de la calle Julia de la Riva, pero con dos fachadas sobre la plaza Álvarez Acebal. Es un edificio modernista, que fue construido en el segundo decenio del pasado siglo. En la actualidad es sede del Conservatorio.

Volviendo a la plaza de España, hay que tomar la calle de la Fruta, que sale frente a la de San Francisco, para alcanzar, al final de ella, el **palacio de Camposagrado,** una obra barroca realizada en el siglo XVII con la habitual exuberancia decorativa de este estilo. Muy cerca abre sus puertas el ya mencionado **Museo de la Historia Urbana de Avilés (MHUA).** A la izquierda de la calle de la Fruta se sitúa un tramo de la de San Bernardo, que termina en la calle de La Cámara. En su número 23 se halla el **palacio de Maqua,** en el que destacan los miradores volados de carpintería neogótica del exterior y el hermoso patio interior, también de carpintería muy decorada. A su lado abre sus puertas el **Mercado de Abastos,** ideal para hacer compras de productos típicos y buen pescado del Cantábrico.

También en La Cámara, con una fachada a la plaza de la Merced, se encuentra la **iglesia de Santo Tomás de Canterbury,** un templo neogótico. Si se la deja atrás avanzando por la calle Marcos de Torniello, en la segunda bocacalle a la derecha asoma la plaza del Carbayo y en ella la **iglesia** vieja **de Sabugo.** Fue construida entre el fin del siglo XII y el principio del XIII y resultó un románico tardío con elementos protogóticos. Posee la belleza y la solidez del Medievo.

Desde la plaza del Carbayo se regresa, por la calle de la Estación, a la avenida de los Telares. Siguiéndola a la izquierda, se sale de Avilés y pronto se encuentra **Salinas,** que posee una enorme *playa* de arenas finas y limpias. Para visitarla hay que atravesar unas calles en las que se alternan los bloques de viviendas con los chalés veraniegos y las lujosas mansiones.

Entre Salinas y Piedras Blancas hay que tomar el desvío que conduce hasta **Arnao.** Aquí se encuentra

la que fuera la explotación de carbón mineral más antigua de la Península ibérica. Cerrada en 1915, ahora acoge las instalaciones del **Museo de la Mina de Arnao,** un magnífico paseo por la historia de la industrialización del norte de España.

I CUDILLERO ★★

La autovía del Cantábrico A 8 permite enlazar de forma rápida Salinas con Cudillero, superando la desembocadura del Nalón, donde se encuentran las localidades de **Soto del Barco** y la interesante **San Esteban de Pravia** con sus antiguas instalaciones del puerto minero.

La salida a Cudillero se debe realizar en **El Pitu,** donde hay una nutrida nómina de casas de indianos, pero sobre todo el **palacio de los Selgas★**. Se trata de un bello palacete de estilo neoclásico, construido en el siglo XIX, cuyo interior alberga una de las colecciones de arte privadas más importante de España, con obras del Greco, Goya o Tiziano. El museo fue remodelado en 2008 para adquirir más accesibilidad en las visitas del público. La belleza de los jardines que rodean el palacete le han valido el sobrenombre del *Versalles asturiano.*

Enfrente se levanta la **iglesia** neomedieval **de Jesús Nazareno,** que guarda el **altar** primitivo del templo prerrománico de Santianés de Pravia.

Continuando el camino, la carretera desciende a **Cudillero.** El mayor encanto de este pueblo –cuyos habitantes hablan una variante del bable, el *pixueto*– es la ubicación escalonada de sus casas en la ladera de la montaña, y su **puerto,** cuyo antiguo muelle se halla enclavado casi dentro de la **plaza de la Marina** donde abundan las tascas de pescadores con terrazas en verano.

Museo de la Mina de Arnao
- ✉ La Mina 7 (Arnao).
- ☎ 985 507 799.
- 🏠 http://museominadearnao.es
- 🕐 De junio a septiembre, y Semana Santa, de martes a domingo de 11 h a 15 h y de 16 h a 20 h. De octubre a mayo, de martes a domingo de 11 h a 14 h y de 16 h a 18.30 h. Lunes cerrado.
- 💶 4,50 €.

🛈 Oficina de Turismo de Cudillero
- ✉ Puerto del Oeste, s/n.
- ☎ 985 591 377.
- 🏠 www.turismocudillero.com

Fundación Selgas-Fagalde
- ✉ La Quinta. El Pitu (Cudillero).
- ☎ 985 590 120.
- 🏠 www.selgas-fagalde.com

Dentro del patrimonio monumental de Cudillero destacan el **Humilladero,** el edificio más antiguo de la villa a cuyo interior se accede a través de un pórtico adintelado de madera sustentado sobre pilares, y las **iglesias de San Pedro** y de **Jesús Nazareno.**

En el interior del concejo, en pleno Camino de Santiago, es referencia obligada el *valle de las Luiñas,* territorio vaquero. En la **parroquia de San Martín de Luiña,** del siglo XVIII, queda bien a la vista la prohibición de acceso a los vaqueiros. La casa rectoral, aneja al templo de Soto de Luiña, en tiempos fue hospital de peregrinos y ahora ejerce de centro cultural.

CABO VIDÍO

De regreso a la carretera N 632, dirección A Coruña, van quedando a la derecha numerosas *playas,* algunas de ellas señalizadas como la **Concha de Artedo,** antes de llegar a la desviación de *cabo Vidío*,* con una impresionante vista: en días claros pueden divisarse kilómetros de esta parte de la costa asturiana, con sus acantilados e islotes. La misma N 632 llega a Novellana y Castañeras, desde donde se llega a una de las playas más espectaculares del occidente, la del *Silencio*.*

LUARCA   *

La villa tiene un hermoso puerto y una tradición pesquera que se remonta a la Edad Media. Pero, además de marinera, es una villa burguesa, como muestran las calles Uría y Olavarrieta y la avenida Tejeiro, con sus casas de estilo modernista, neorrenancentista, neohistoricista y ecléctico, de fines del siglo XIX y principios del XX. También es una villa medieval. Para situarse en la Luarca del Medievo hay que tomar la calle Olavarrieta a partir de la antigua plaza del Maíz, hoy de la Constitución.

En Olavarrieta se halla el **palacio** y **capilla del Marqués de Ferrara,** un conjunto residencial formado por tres edificios unidos entre sí por pasajes, el principal de ellos apoyado en un arco carpanel. Parece que la construcción más primitiva fue una torre que sirvió de vivienda en los siglos XIII y XIV, pero del palacio actual la parte más antigua es la sur, la que primero encontramos a nuestra derecha, que se remonta a los siglos XV y XVI. La torre ha desaparecido. El palacio norte y la capilla se edificaron en el siglo XVIII. Luarca tiene dos *playas:* una resguardada por los diques del puerto y otra seguida que es la *de Salinas.*

El pintoresco cementerio de la localidad y su faro, aupado sobre la concha del Cambaral, son el

• • • • • • • • • •

🏛 **Oficina de Turismo de Luarca**
✉ Palacio de Gamoneda.
☎ 985 640 083.
🖱 www.turismoluarca.com

▼ Playa del Silencio.

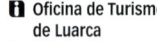

camino obligado para llegar a **Villar de Luarca**★, cuya **colonia de casonas indianas** es uno de los reductos más bellos de esta arquitectura de todo el Principado. La N 634 en dirección a Navia conduce hasta La Mata, donde se encuentra el **Parque de la Vida** y los ejemplares de calamar gigante capturados en el Cantábrico.

NAVIA

El principal atractivo de Navia es el del mar y el de su ría, formada por la desembocadura del río que lleva su nombre, con un descenso a nado que cada verano concita a los mejores deportistas. Pero también resulta interesante pasear por sus calles. En torno a las avdas. de los Emigrantes y Regueral existe una serie de edificios de estilo eclecticista, modernista y montañés. Por otra parte, en las calles San Francisco, de las Armas, de los Hornos, del Hospital y del Párroco Trueba, entre otras, se encuentra el viejo Navia.

CASTRO DE COAÑA ★★

Se extiende al lado de la población de este nombre, a 5 km de Navia, por la carretera AS 12, que lleva a Grandas de Salime. Este poblado de la Edad del Bronce ocupa una extensión de 1 ha y se encuentra cercado por una alta y gruesa muralla. Está increíblemente bien conservado y nos dice mucho del modo de vida de los astures. En la puerta de entrada al castro se aprecian aún huellas de carros.

Estas construcciones eran comunes en la zona asturiana y gallega, como han demostrado numerosos hallazgos arqueológicos. Se levantaban casas de planta comúnmente circular, que a veces también eran de forma rectangular, y se las rodeaba de un muro protector. En Coaña el número de viviendas ronda las 80, todas hechas de lajas de pizarra unidas con arcilla. La gran construcción que se halla a la entrada del castro servía probablemente de torre de vigilancia. Se pueden rastrear también en el poblado el sistema de conducción de agua y de desagües. A 1 km hay una estela discoidal cuyo significado no es claro, pero se piensa que representa al sol y se relaciona con un culto a la fecundidad.

LA RASA COSTERA

Entre las desembocaduras de las rías de Navia y del Eo, en el límite con la provincia de Lugo, hay varios conjuntos urbanos pintorescos de interés: el faro de **Ortigueira,** el recoleto muelle de la minúscula **Viavélez** (pueblo natal de la escritora Corín Tellado), la bulliciosa **Tapia de Casariego**★ y, ya sobre el mismo

Parque de la Vida
- La Mata, s/n (Valdés).
- 689 570 708/ 660 660 400.
- www.parquedelavida.org
- De 12 h a 17 h. Imprescindible reservar.
- 7 €.

Castro de Coaña
- 985 978 401.
- www.ayuntamiento decoana.com
- De miércoles a domingo de 10.30 h a 16.30 h.
- 3,13 €. Entrada gratuita el miércoles.

▼ Castro de Coaña.

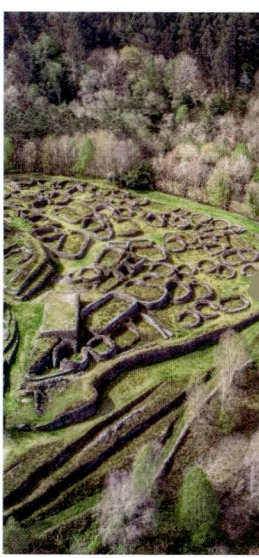

Los indianos

Asturias fue, después de Galicia, la región española que más emigrantes envió a América, desde finales del siglo XIX hasta el primer tercio del siglo XX. Se calcula que, en ese periodo de tiempo, más de trescientos mil asturianos se dirigieron a América en busca de fortuna, o de aventuras e, incluso, para escapar de las levas que llevaban a los mozos a combatir en las guerras de las colonias africanas. La mayor parte de esos emigrantes asturianos eligieron Cuba como punto de destino. Otros lugares importantes para la emigración asturiana fueron México, Puerto Rico, Santo Domingo y Argentina.

Los indianos o americanos, como se bautizó en la región a los que regresaban a la patria chica después de unos años en ultramar, volvían a veces con los bolsillos repletos, y dispuestos a vivir de las rentas en muchos casos. Otros dedicaron sus cuartos a la usura, con los que multiplicaron sus ganancias, y unos pocos dedicaron su fortuna al mecenazgo. Los indianos despertaban entre sus paisanos sentimientos contradictorios: admiración y desdén, envidia y desprecio. Eran nuevos ricos que querían impresionar a sus compatriotas, para hacerles sentir que su aventura les hacía dignos de respeto.

Los indianos hicieron no pocas donaciones a su tierra, tanto en obras públicas como culturales. Y han dejado en Asturias un legado curioso: una arquitectura peculiar, la de las casas que se hacían construir a su regreso y en las que intentaban dejar la impronta de su riqueza y buen gusto. Estas casas, de estilo ecléctico, en las que se observan influencias modernistas y también de la arquitectura cántabra, pueden rozar la cursilería, en su afán de exhibicionismo, y alcanzar también indudables cotas de belleza y elegancia. Clarín las llamó "alardes de piedra inoportunos, solidez afectada y lujo vocinglero". Pero son ya parte del paisaje asturiano y, sin duda, uno de los rasgos monumentales más característicos de la región. En Colombres, en el oriente astur, abre sus puertas el Museo de la Emigración-Fundación Archivo de Indianos.

Eo, **Figueras, Castropol** y **Vegadeo**. Por todos ellos discurre la Senda Costera que se solapa con el Camino de la Costa a Compostela y que cada día concita más adeptos. Las playas del concejo de Tapia de Casariego, en especial la de *Campos* (o Playa Grande) es uno de los centros surferos del Principado y cada Semana Santa convoca a los amantes de este deporte con un concurrido campeonato de surf. En el **palacio de Casariego** se conserva el arcón donde Gonzalo Méndez de Cancio, gobernador de la Florida, introdujo en Europa por vez primera a mediados del XVII, la semilla del maíz; tuvo Tapia, también, un héroe local en la guerra de Cuba, Fernando Villamil; y unas minas de oro, las de los Lagos de Silva (en Salave), ya explotadas en tiempos de los romanos y que, afortunadamente, no han llegado a excavarse en nuestros días (tal era el propósito de una empresa minera extranjera). No es la única explotación aurífera romana visitable: en el concejo de El Franco están las **Cuevas de La Andina** (en **La Caridad**).

Tapia y Castropol comparten playa: la de *Penarronda,* otro arenal de peligrosas corrientes que atrae a los surfistas. En **Figueras** se alza la mejor muestra de un modernismo astur que bebió del *art nouveau* y de los discípulos de Gaudí: los dos palacetes construidos en el barrio del Coteruelo, por doña Socorro, ahora convertidos en hotel, un remanso de paz y un lujo para los sentidos. **Castropol*,** fundado en el siglo XIV por el obispo de Oviedo, conserva un conjunto modernista, el que integran el parque de Vicente Loriente, el Casino y la estatua a Fernando Villamil, y varios palacios de los siglos XV al XVIII. Y por Vegadeo, A Veiga, se accede a la comarca de Los Oscos y el pueblo de Taramundi.

I TARAMUNDI   ✳

Este itinerario tiene una extensión interesante, que puede planearse incluyendo la posibilidad de dormir una noche en el camino. Esta extensión es Taramundi, un pequeño pueblo asturiano, ya casi en Galicia, y a donde llegaríamos desde Tapia a Vegadeo, por la N 640, para ir desde allí a Bres por la AS 21, y luego a Taramundi, en dirección oeste desde el cruce de Bres.

Taramundi fue elegido hace décadas por el gobierno del Principado para poner en marcha uno de los primeros núcleos de turismo rural. De modo que se rehabilitó una rectoría del siglo XVIII para convertirlo en hotel. Otras casonas siguieron el ejemplo, lo que ha hecho de Taramundi un lugar de peculiares características turísticas.

En el pueblo pervive una bonita artesanía de cuchillería, elaborada por procedimientos ancestrales y con mangos de madera hechos a mano, cuya elaboración e historia se puede conocer en el **Museo de la Cuchillería Tradicional,** abierta en Pardiñas, a un kilómetro de la capital del concejo. Este pequeño museo está integrado dentro de otros atractivos de Taramundi, como la ruta de los Ferreiros y Os Teixois, que constituye un completo recorrido por diversos ingenios movidos por la fuerza de las aguas; la **casa del Agua** y el centro de artesanía de Bres; el **Conjunto Etnográfico y Museo de los Molinos de Mazonovo;** el **Museo Etnográfico** de Esquíos, que alberga una colección de útiles y enseres de uso cotidiano; y el conjunto arqueológico de **Os Castros de Taramundi*.**

▲ Taramundi.

◄ Museo de la Emigración-Fundación Archivo de Indianos, en Colombres.

De Gijón a la garganta del Cares

El punto de partida es Gijón si bien también puede pernoctarse en Cangas de Onís y salir desde allí. Podríamos marcar las siguientes paradas: Beniade Oníz, La Robellada, Berodia, Carreña, Poo, Arenas de Cabrales, Bulnes y la Garganta del Cares.

BENIA DE ONÍS

Desde Cangas de Onís tomar AS 114 en dirección a Panes. En Corao seguir por la desviación hasta **Abamia** y su **iglesia de Santa Eulalia,** románica, el primer templo cristiano de la monarquía astur: aquí se mandó enterrar Don Pelayo junto a su esposa Gaudiosa. Benia tiene diversos edificios indianos de interés y casonas de origen hidalgo. Hay una casa del siglo XVIII en el barrio de los Valles, y la **iglesia** parroquial, construida en tiempos prerrománicos, guarda en su estructura las trazas de este estilo. La portada del lado sur y los capiteles del arco triunfal corresponden a la época románica.

El concejo celebra sus fiestas el 28 de agosto, oportunidad para probar el queso gamoneu; tiene un centro de recuperación de uno de los habitantes desaparecidos de Picos de Europa: el quebrantahuesos.

LA ROBELLADA

La arquitectura de este pueblo tiene un marcado carácter popular, destacando la iglesia de bella planta. Pocos kilómetros antes de entrar en el pueblo, las casas de **Avín** forman un conjunto muy típico de montaña. Aquí está la interesante **capilla de San José** y un **Centro de Interpretación de la Fauna Glaciar.**

BERODIA

Lo más interesante es el **palacio de los Díaz Iguenzo,** de los siglos XVII y XVIII, que puede visitarse con permiso de los dueños, cosa no difícil de lograr si se sabe ser amable.

En las cercanías, la naturaleza ha abierto un lugar muy hermoso, el *desfiladero de las Estazadas.* Subiendo hacia Ortiguero, por una empinada carretera de 2 km, hay vistas espectaculares. El camino, no obstante, debe recorrerse con sumo cuidado. En estas quebradas, tropas de guerrilleros astures, al mando de Pedro Alejandro de Bárcena, atacaron

Centro de Visitantes de Las Montañas del Quebrantahuesos

✉ Finca Tullidi, s/n (Benia de Onís).
☎ 985 844 293.
🖥 https://quebrantahuesos.org

Centro de Interpretación de la Fauna Glaciar

✉ Cuevona de Avín (Onís).
☎ 616 212 483.
🖥 www.faunaglacial.com

a pedradas a un destacamento francés durante la Guerra de la Independencia, produciéndole numerosas bajas.También en las cercanías de Berodia se encuentran **Las Puertas de Cabrales,** con restos románicos de interés: los de la **iglesia de Santa Eulalia** –destruida durante la Guerra Civil– hoy incorporados a la nueva iglesia parroquial. Entre ellos destaca la celosía empotrada en la cabecera, de estilo prerrománico.

I CARREÑA DE CABRALES

Antes de llegar a Carreña, en el pueblo de **Iguenzo,** conviene detenerse a visitar el **palacio de Mayorazu,** de los siglos XVII y XVIII, y la **iglesia de Santa Cruz,** del año 1780, una valiosa pieza de es-

▼ Garganta del Cares.

tilo barroco. En **Carreña** lo más destacable son el **Puente Conceyu** y la **casona de Bárcena,** también llamada El Cuartel, del siglo XVII. Su interior alberga una reproducción de la **cueva de la Covaciella★,** con pinturas rupestres Patrimonio de la Humanidad. Asciende luego hasta la aldea de Asiegu y disfruta de su **mirador** sobre el **pico Urriellu.**

⎮ POO
Pueblo de aire muy tradicional, se sitúa en el vértice de los ríos Cares y Casaño. Desde el llamado Pozo de la Oración se disfruta de una imponente vista del Naranjo de Bulnes. En Poo es también interesante la visita al **conjunto palacial de Cernuda** (llamado el Palación), que cuenta con una magnífica capilla.

⎮ LAS ARENAS DE CABRALES ★
Es la puerta asturiana de los Picos de Europa. Destacan su **iglesia de Santa María de Llas,** de estilo románico tardío, y el **palacio de las Mestas y Cosío,** en el núcleo medieval de la ciudad. Como ejemplo de arquitectura popular hay que visitar el patio de La Corralada, donde se celebra el famoso certamen del queso de Cabrales en agosto. Y no nos podemos ir sin conocer a fondo el proceso de elaboración de uno de los manjares más representativos de la gastronomía asturiana: el queso de Cabrales. La Fundación Cabrales ofrece la visita a una **cueva-museo★** en la que se explican todos sus secretos.

⎮ BULNES Y GARGANTA DEL CARES ★★
La AS 264 remonta la Canal Negra y llega hasta la central eléctrica de Poncebos y Camarmeña, punto de partida de numerosas excursiones. En coche se puede acceder a Sotres y desde allí hacer senderismo hasta el refugio del pico Urriellu o Naranco de Bulnes. En Poncebos se localiza igualmente el **funicular** de acceso a **Bulnes,** localidad que sigue siendo el único pueblo de Asturias que carece de acceso rodado. En 7 minutos, el funicular salva 400 m de desnivel entre **Poncebos** y la parte inferior de una aldea de alta montaña que ha vivido siglos de aislamiento.

Finalmente, de Camarmeña parte la **Ruta del Cares★★** que conecta con el pueblo leonés de Caín. Se trata del desfiladero más famoso de Asturias, al que se ha llamado, por la belleza de sus paisajes, "garganta divina". La travesía del desfiladero es muy afamada como itinerario turístico, un espectacular recorrido por un camino donde hay tramos que superan los 1.500 m y donde se atraviesan puentes, quebradas e incluso abismos junto al curso del Cares.

· · · · · · · ·

🛈 Asociación Cabraliega de Turismo (ASCATUR)
✉ Plaza de los Cuatro Caños, s/n (Arenas de Cabrales).
☎ 985 846 747.

· · · · · · · ·

Cueva del Quesu
✉ AS 264, 6 (Las Arenas de Cabrales).
☎ 985 846 702.
🖥 www.fundacioncabrales.com
🕐 Todo el año, de 10.15 h a 13.15 h y de 16.15 h a 18.15 h.
🎟 5 €.

Un recorrido por el prerrománico asturiano

Ver todos los edificios del arte asturiano en un solo día resulta complicado, ya que, aunque no distan mucho unos de otros, están emplazados de tal forma que visitarlos al completo supondría un ir y venir de Oviedo hacia varios puntos cardinales diferentes. Es más práctico dejar algunos de estos monumentos para el camino de otros itinerarios. Por otra parte, es posible, sin alejarse mucho de la capital asturiana, tener una idea muy completa del prerrománico.

La **iglesia de San Julián de los Prados** o **Santullano**** es el edificio mejor conservado de la época de Alfonso II. Está situada en el casco urbano de Oviedo, al lado de la autovía de Oviedo-Gijón, un poco antes de que esta desemboque en la vía de circunvalación de la ciudad que da acceso a las carreteras nacionales que salen de ella. En tiempos de Alfonso II, esos terrenos estaban ocupados por un barrio residencial de Oviedo.

Esta iglesia es la de mayores dimensiones del arte asturiano, con 30 m de largo y 25 de ancho. Tiene tres naves con otra de crucero muy amplia, todas ellas separadas por pilares con arcos de medio punto, a excepción de una especie de arco de triunfo que media entre la nave central y la transversal. La cabecera está dividida en tres ábsides rectangulares y cubierta con bóvedas de cañón. El resto del templo, sin embargo, se cubre con armadura de madera. Las ventanas están adornadas con celosías, todas ellas, menos una, reconstruidas. En el interior de la capilla mayor se emplean ya las arquerías ciegas y, en el exterior, abundancia de contrafuertes. Además, tiene dos porches, elemento característico de los monumentos asturianos.

Contemplado desde fuera, la principal belleza de este templo se cifra en los juegos de volúmenes realizados con las distintas alturas de las naves. En el interior, sorprende la buena iluminación que le proporcionan las ventanas. Antaño estuvo completamente cubierto de pinturas murales que llegaban incluso al techo de madera. Las que se ven en la actualidad fueron restauradas entre 1981 y 1985.

▼ Pinturas del ábside de la iglesia de San Julián de los Prados, en Oviedo.

San Julián de los Prados
- ✉ Selgas, 2 (Barrio de Santullano, Oviedo).
- ☎ 687 052 826.
- 🌐 www.sanjuliandelosprados.com
- ⏱ Visitas guiadas cada 45 minutos.
- 💶 4 €.

•••••••••

**Centro de Recepción
e Interpretación
del Prerrománico**

✉ Antiguas escuelas del
Naranco.

☎ 985 114 901.

🌐 www.prerromanico
asturiano.es

🕐 Febrero, noviembre y
diciembre, de miércoles
a domingo de 9.30 h a
14.30 h. De marzo a junio,
septiembre y octubre, de
miércoles a domingo de
9.30 h a 13.30 h y de 15.30
h a 18 h. Julio y agosto,
todos los días de 9.30 h a
13.30 h y de 15.30 h a 19 h.

💲 Acceso gratuito.

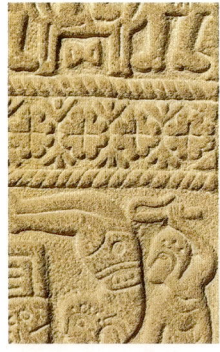

Santullano ha tenido, además, otras obras de restauración a lo largo de los siglos. Aparte de varias realizadas en el XX, en el siglo XII se arregló la cubierta y se destruyó el pavimento original; en el XVIII hubo una reposición de ese pavimento colocándose losas.

Santa María del Naranco★★ se encuentra a 3 km de Oviedo, al pie del monte Naranco. Para llegar a ella lo mejor es dirigirse al centro de la ciudad, a la calle Uría, y al final de esta, al llegar a la estación, torcer a la izquierda. Siguiendo un corto trecho por esta calle, la del Ingeniero Marquina, encontraremos un cartel con el nombre de la iglesia que indica el camino, en el que dejaremos a un lado el **Centro de Recepción e Interpretación del Prerrománico**★.

Continuando unos 3 km por la avenida de los Monumentos, poco después de comenzar la subida del monte Naranco, aparece, en un bonito entorno de paisaje, el templo de Santa María.

Esta iglesia se concibió no como tal sino como palacio de recreo y descanso de Ramiro I. Era una residencia destinada sobre todo a las fiestas. Así, en el piso bajo de los dos pisos de que consta tiene una sala que se cree servía de baño. En la planta superior, que es la principal, tiene un gran salón de fiestas. Sin embargo, la mansión real se convirtió en templo en el mismo siglo IX en que fue construida, de modo que su vida profana fue breve, ya que había sido inaugurada por Ramiro I en el año 848.

La iglesia de Santa María del Naranco es la creación más singular del arte prerrománico, para algunos la más bella de las que se conservan, en especial por su esbeltez y por la hermosa decoración de sus piedras. Las dos plantas están distribuidas en un ancho cuerpo central y dos laterales más estrechos y aparecen cubiertas por bóvedas de cañón semicirculares en la parte central; el piso bajo, en los laterales, tiene techado de madera.

Las bóvedas están reforzadas por arcos fajones, llamados así porque atraviesan el techado semejando fajas. Los arcos se apoyan en haces de columnas adosadas al muro interior y decoradas con el característico sogueado; en el exterior encuentran el apoyo en contrafuertes. Esta técnica es romana pero en el arte asturiano tiene resultados muy diferentes, ya que se consigue un edificio estilizado al tener dimensiones más pequeñas y utilizar materiales menos pesados. Por otra parte, el tipo de construcción de Santa María del Naranco podría derivar de la villa romana con pórtico, cuerpo central y alas, las dos últimas con columnas, que continuó construyéndose hasta el románico.

Finalmente, son de destacar los hermosos miradores de la planta superior y la decoración esculpida en bajorrelieves: la representación en ellos de figuras de animales y humanas, los discos labrados, las columnas sogueadas y los variados detalles de ornamentación por medio del trabajo de la piedra. Los capiteles de las columnas son de influencia bizantina.

Este templo fue restaurado entre 1929 y 1934 por el arquitecto Luis Menéndez Pidal. Entonces se suprimieron un campanario, que se había construido probablemente a mediados del siglo XIX, una sacristía barroca, la casa rectoral y unas cuadras que tenía adosadas, dejando así el edificio limpio, con su primitiva planta rectangular apreciable. Posteriormente se ha llevado a cabo otras actuaciones.

La **iglesia de San Miguel de Lillo**★★ está a un centenar de metros de Santa María del Naranco, siguiendo monte arriba, y fue concebida, sin duda, por el mismo arquitecto que construyó esta última.

Santa María de Naranco y San Miguel de Lillo

⌖ Monte Naranco. Oviedo.
☎ 638 260 163.
🖰 www.santamariadel naranco.es
🕑 De abril a septiembre, de martes a sábado de 9.30 h a 13 h y de 15.30 h a 19 h; domingo y lunes, de 9.30 h a 13 h.
De octubre a marzo, de martes a sábado, de 10 a 14.30 h; domingo y lunes, de 10 a 12.30 h.
🎟 4 €.

▼ San Miguel de Lillo.
◄ Detalles decorativos.

Al mismo tiempo que edificaba un palacio de recreo, Ramiro I quiso levantar a su lado un templo.

Lo más destacable de San Miguel de Lillo es su esbeltez, característica de las construcciones ramirenses, pero que aquí se acentúa, de modo que la altura del edificio tiene tres veces el ancho de la nave central. La cubierta es totalmente abovedada y la cabecera termina en un triple ábside, mientras que el pórtico posee una tribuna alta desde donde el rey asistía a las ceremonias religiosas.

Como novedades, aparte de esta tribuna, destacan las bóvedas de las naves laterales colocadas en sentido transversal al eje de la iglesia, naves que están separadas de la central por columnas de grueso fuste, en vez de por pilastras, como era habitual. En lo que se refiere a la decoración, son de destacar el bello diseño de las celosías labradas en bloques monolíticos, y los curiosos relieves de las jambas de la puerta principal del templo. Estos relieves están copiados de un díptico consular de principios del siglo VI, que hoy se encuentra en San Petersburgo. En cuadros diferentes se retrata al cónsul dando la orden de comenzar los juegos, y a un equilibrista sobre bastón y a un domador con su león, es decir, escenas de dichos juegos. Esta iglesia sufrió un derrumbamiento importante, que afectó sobre todo al lado este, no se sabe bien si en el siglo XIII, el XIV o el XVIII.

Santa María de Bendones** es una iglesia rural situada a 5 km de Oviedo. Para llegar a ella hay que situarse de nuevo en la vía de circunvalación de la ciudad y, pasada la autopista de León, seguir una desviación que marca "Olloniego-Tudela-Veguín". Es la carretera AS 354. El acceso a Bendones es un camino de 500 m, lleno de curvas cerradas, que conduce a un pueblo de dos o tres decenas de habitantes.

En ningún otro monumento del prerrománico se puede imaginar tanto como en este lo que debió de ser su entorno cuando fue construido. Al lado mismo del pequeño templo hay una granja y puede ocurrir que las gallinas o algún gato acompañen al visitante mientras contempla la iglesia. El paisaje circundante es, por lo demás, de suaves montañas cubiertas de vegetación solo interrumpida por la presencia de unas cuantas casas.

Este pequeño templo tiene una planta muy singular: posee una sola nave emplazada en sentido transversal respecto a las tres capillas de que consta su cabecera. Presenta además un porche de acceso con dos habitaciones laterales y otras

· · · · · · · ·

Santa Cristina de Lena
- ☎ 985 497 608 (Oficina de Turismo) y 609 942 153.
- 🖰 www.prerromanico asturiano.com
- 🕐 De abril a octubre, de martes a domingo de 11 h a 13 h y de 16.30 h a 18.30 h. De diciembre a marzo, de martes a domingo de 11 h a 13 h. Cerrado en noviembre.
- 🖻 2 €.

· · · · · · · ·

ⓘ Aula Didáctica del Prerrománico
- ✉ Antigua Estación de La Cobertoria. La Cobertoria (Lena).
- ☎ 985 497 606.
- 🖰 www.aytolena.es

· · · · · · · ·

Santa María de Bendones
- ✉ Parroquia de Bendones (Oviedo).
- 🕐 Consultar visitas en la Casa de Aldea "El Mirador de Bendones", 985 942 365.
- 🕐 www.prerromanico asturiano.es

▶ Santa Cristina de Lena: detalles del interior (iconostasio) y vista exterior.

dos habitaciones más en los extremos de la nave. En el arco de una capilla lateral quedan restos de **pinturas** primitivas, a pesar de que sufrió un incendio en el año 1936 que casi destruyó el edificio. Fue reconstruido a partir de sus propias ruinas durante 1958, cosa que se aprecia observando sus muros. Son de destacar las bonitas celosías de las ventanas, fabricadas a partir de los modelos originales. Las pinturas provienen del mismo taller que hizo las de la iglesia de San Julián de los Prados.

El resto de los monumentos del arte asturiano puede verse en el curso de otras rutas a excepción de uno: el **templo de Santa Cristina de Lena★★**, situado a 30 km al sur, en Pola de Lena, en la carretera Oviedo-León. Para llegar hay que tomar el desvío de la A 66 hacia Campomanes y continuar por la AS 242, hasta el cruce de la Cobertoria. Hay un pequeño aparcamiento al borde de la carretera y se accede a pie por un pequeño camino que asciende hasta el templo. Un poco antes, en la antigua estación de La Cobertoria se encuentra el **Aula Didáctica del Prerrománico★**.

Santa Cristina de Lena es una de las tres construcciones de Ramiro I que han sobrevivido hasta nuestros días. Es de pequeñas dimensiones, en realidad, una ermita colocada en lo alto de una colina. Se asemeja a Santa María del Naranco en su planta rectangular, con una única nave que recuerda el salón del piso superior de ese templo. Su techo es abovedado, cruzado por dos gruesos arcos fajones. Popularmente se la conoce, por la cantidad de ángulos rectos que presenta, como la *iglesia de las esquinas*.

En el interior tiene una bella y curiosa construcción: un iconostasio de triple arcada que separa la nave de la capilla mayor. Dado que el arquitecto de este templo, se supone, fue el mismo que el de los otros levantados por Ramiro I, la decoración de estos arcos resulta extraña, por lo que se ha pensado que podían ser restos visigóticos recuperados, o más probablemente obra de los mozárabes que iban llegando del sur al reino de Asturias. En este último caso se cree que el iconostasio habría sido añadido en el siglo x. También en las celosías se ha visto un origen mozárabe y visigodo; podrían darse ambos por su diseño y porque una de ellas está fechada en el año 643.

Santa Cristina de Lena fue construida entre el año 850 y el 866. En 1893 fue restaurada, parcialmente destruida en 1934 y recompuesta después de 1940. Entre los años 1980 y 1981 fue restaurada de nuevo.

Ruta de la minería y la siderurgia

Se trata de una ruta complementaria que puede llevarse a cabo tanto desde Gijón como desde Oviedo y que tiene como objetivo visitar distintas localidades del centro de Asturias cuya historia ha estado relacionada con la extracción del carbón y su posterior aprovechamiento en la industria siderúrgica. Los puntos de máximo interés de este recorrido temático son el Museo de la Minería y de la Industria (MUMI), en El Entrego, y el Museo de la Siderurgia (MUSI), en La Felguera-Langreo.

MUSEO DE LA MINERÍA Y DE LA INDUSTRIA (MUMI) ✳

El acceso se puede llevar a cabo desde las autovías A 8 y A 66, tomando la salida a Langreo y luego siguiendo las indicaciones a El Entrego y Pola de Laviana. También se puede acceder de forma rápida a través de los trenes de Feve y Renfe desde cualquier punto de Asturias. El museo se localiza en el corazón de la zona minera asturiana, donde desde el siglo XVIII se extrajo hulla de manera industrial –anteriormente los campesinos la extraían directamente de los filones que afloraban a ras de tierra–, especialmente en los concejos de Siero y Langreo.

El impulso definitivo lo aportó el ferrocarril de Langreo a Gijón, inaugurado en 1853, cuya historia se puede conocer en el Museo del Ferrocarril de Gijón [◀ **ver pág. 68]**. Una alternativa a los desaparecidos trenes turísticos que la empresa Feve lanzaba en época estival desde Oviedo y Gijón a la cuenca minera es visitar el **Ecomuseo Minero del Valle de Samuño,** que incluye un recorrido en un auténtico tren donde se transportaba el mineral de carbón, y la visita al pozo San Luis de la Nueva. Además, como ya se señalaba en el itinerario por el occidente entre Avilés y Taramundi-Los Oscos, no hay que dejar de visitar la primera explotación de carbón mineral de España, situada en **Arnao,** junto a la turística Salinas [◀ **ver pág. 103]**.

El **MUMI** abrió sus puertas en El Entrego (San Martín del Rey Aurelio) en 1994 y desde entonces se ha convertido en uno de los dos museos más visitados de Asturias. Ocupa la escombrera del pozo de San Vicente, a orillas del río Nalón, que fue autogestionado por SOMA en los años treinta. La

Museo de la Minería y de la Industria (MUMI)
✉ San Vicente, s/n. El Entrego.
☎ 985 663 133.
🖰 www.mumi.es
🕐 De noviembre a febrero: de martes a sábado de 10 h a 14 h y de 16 h a 19 h; domingo de 10 h a 14 h. De marzo a octubre: de martes a domingo de 10 h a 14 h y de 16 h a 19 h.
🎟 9,50 €. Niños: 6 €.

Ecomuseo Minero Valle de Samuño
✉ Estación de El Cadavíu (Ciañu, Langreo).
☎ 984 082 215.
🖰 https://ecomuseo.ayto-langreo.es
🎟 11 €.

visita recorre un edificio de dos plantas que alberga colecciones temáticas, herramientas, colecciones de minerales y documentos sobre el carbón y los mineros y diferentes dependencias, como la casa de baños, la enfermería, la brigada de salvamento, los laboratorios químicos y el propio pozo, donde se reproduce el ambiente de trabajo de las galerías.

| MUSEO DE LA SIDERURGIA (MUSI) ✳

El **MUSI** es el complemento perfecto a la visita al Museo de la Minería, ya que divulga el patrimonio industrial de Asturias en todas sus vertientes. Está ubicado en la llamada Ciudad Tecnológica Valnalón, en La Felguera (Langreo), con acceso desde Oviedo por la A 66 en dirección León con desvío hacia Langreo por la LA 2, o por la A 64 en dirección a Santander con desvío hacia Langreo por la AS 17.

El museo cuenta con un centro de recepción que se encuentra en el interior de la torre de refrigeración de la antigua fábrica de La Felguera, que forma parte del patrimonio industrial de Asturias. La exposición ilustra el proceso mediante el cual el mineral de hierro se convierte en acero, muestra maquinaria y elementos de trabajo de las antiguas factorías, y enseña, mediante paneles informativos, el proceso de industrialización que experimentaron las cuencas mineras asturianas desde el siglo XIX.

El museo informa también de rutas guiadas por la arqueología industrial de la comarca del Nalón, con posibilidad de visitas guiadas a las viviendas obreras de La Felguera, que muestran las zonas de Langreo que más cambiaron en época industrial con las huellas que dejaron los trabajadores y propietarios de la antigua siderurgia.

| POBLADO MINERO DE BUSTIELLO ✳

La ruta quedaría incompleta si no nos acercásemos hasta el límite entre los concejos de **Mieres** y **Aller,** donde se enclava el antiguo **poblado minero de Bustiello**✳. Fue fundado por el segundo Marqués de Comillas, Claudio López Brú, en 1890 y es el mejor legado que ha llegado a nuestros días de lo que se llama "paternalismo" industrial. El poblado está a 2 km de la autovía A 66 Oviedo-León, tomando el desvío en Ujo (salida 54) hacia Moreda y el Puerto de San Isidro por la carretera AS 112.

En el *valle de Turón* también se puede visitar otro de los pozos mineros con más atractivos: el **Pozu Espinos**✳. Cuenta con un Aula de Interpretación situada junto a la Vía Verde del Valle, todo ello dentro del **Paisaje Protegido de las Cuencas Mineras.**

▲ Museo de la Siderurgia de Asturias (MUSI).

Museo de la Siderurgia de Asturias (MUSI)
✉ Ciudad Industrial Valnalón. Altos Hornos, s/n. La Felguera (Langreo).
☎ 985 678 477.
🖰 www.museodela siderurgia.es
⊕ En temporada alta, de martes a sábado de 10 h a 14 h y de 16 h a 19 h; domingo de 10 h a 14 h; lunes cerrado. Resto del año de viernes a domingo.
🎫 3 €.

Centro Interpretación del Poblado Minero de Bustiello
☎ 985 422 185.
🖰 www.mieres.es Visitas guiadas previa reserva.

Pozu Espinos
✉ Bº de San Andrés (Turón).
☎ 985 422 185.
🖰 www.mieres.es Visitas guiadas previa reserva.

Dónde...

GASTRONOMÍA

Confeccionar una guía gastronómica de Asturias es fácil, porque podríamos recomendar casi todos los sitios. Es cocina popular sin picaresca. Aquí el que no coma bien es porque no quiere o se desorienta en los lugares de batalla. Otro aspecto positivo es la gran afabilidad y trato buen humorado que existe en los lugares: merenderos, sidrerías o chigres, fondas, cantinas, cabañas o puertos pesqueros.

La sidra

Es el producto patrio por antonomasia, como bebida y como rito social. Una libación refrescante, digestiva, tonificante y diurética que se sigue tomando en muchos restaurantes, aunque cada vez esté más restringido su consumo por las incomodidades que pueda suponer el escanciado tradicional en los comedores. La sidra tiene capitalidad compartida en Nava, Villaviciosa, Pola de Siero y Contrueces. Tres palabras ha de aprender quien se inicie: *chigre,* o bar de la sidra con todo su ceremonial a cuestas; *culín,* moderada cantidad que se escancia al canto del vaso en elegante postura; y *espicha,* fiesta en el propio *llagar* en que la sidra salida por el lugar de la "espita" del barrilón, es acompañada por empanadas, lacón, huevos cocidos, nécoras, chorizos perrunos y demás ligerezas. La Sidra de Asturias cuenta con una Denominación de Origen Protegida que ampara dos variedades: la natural y la sidra de doble fermentación en botella, cuya principal cualidad es la recuperación de gas carbónico que proviene de la segunda fermentación; se aconseja servir a 7 ºC.

La faba y la fabada

La faba es el pilar de toda una teoría culinaria. Se mima su cultivo; se selecciona con pasión su calidad y calibre. Guisada queda suave, pero tersa. En la boca desaparece el pellejo por alguna magia y se muestra harinosa fundida en los sabores del compango, o acompañamiento cárnico, que es chorizo, tocino, lacón, costillas, oreja y rabo. Y la morcilla asturiana, indispensable, enjuta, arrugada y negra. Las *fabes* se aligeran con algún otro manjar que no sea el canónico del *gochu* o cerdo. Así, resultan deliciosas con gallina, perdiz, langosta, liebre, almejas o lapas.

Por su parte el *gochu,* ya sin las fabes, es la base de muchos platos contundentes: las manos de cerdo (guisadas y luego rebozadas y fritas), el potaje con rabadilla, la sopa de *fégadu* (hígado con pan espeso y guindilla), el *boruncho* o boroña, las patatas con cabeza, las costillas con arroz, el *adobu,* o el *sollumbu*

que es solomillo. También el generoso animal da el lacón (cocido y curado), el fariñón (morcilla gruesa con harina de maíz), el chosco (especie de morcón), el jamón (rechoncho, de Avilés y Tineo) y los chorizos frescos, curados, ahumados o "al llar" (con papel estraza, entre cenizas).

▌ Verduras, hortalizas y legumbres

Hay que descubrirse ante la huerta fértil, húmeda y jugosa, que depara, entre otras maravillas, una escarola única, unas judías verdes muy planas llamadas fréjoles, unos singulares *arbeyus* o guisantes, unas lentejas de lujo que se hacen salteadas, un repollo tierno y unas cebollas y *patatines* de calidad insuperable.

Las patatas y cebollas rellenas son típicas de San Martín del Rey Aurelio, los pimientos rellenos (con manos de cerdo), de Avilés, y el repollo relleno es de Pola de Allande. La menestra (de tres carnes) está generalizada, así como las alubias pintas con arroz blanco y el pote.

Plato curioso son los emberzados, que llevan embutido que no se embute, sino que se acoge y envuelve con hojas de berza y así va al pote; como va el *pantrucu* o pantruque a la fabada.

En las cocinas asturianas han casado en regla a las verduras con los pescados. Veamos: bogavante con verduras, repollo con salmón, menestra de pescados y mariscos, patatas con langostinos, setas con almejas o pimientos rellenos de centollo.

Los arroces caldosos triunfan sobre las paellas y son notorios los de pollo, bogavante, el "marinero" de Oviñana, y el que lleva *pixín* o rape, pescado emblemático de Asturias.

▌ Pescados

El tan citado *pixín* se corta en dados, se reboza y se fríe y así participa en todos los aperitivos locales. Con él se hace sopa, que es gloriosa en Candás, con almejas y huevo. La merluza del pincho se queda aquí y no entra en los mercados centrales por fidelidad a la demanda local, y se hace a la cazuela o "a la sidra"; también con angulas, "a la antigua" (con puntas de espárragos y guisantes), mariscada o rellena, o la tortilla de merluza, enorme, jugosa.

La sardina, va asada, trenchada (abierta y rellena), frita, a la *bisigoña* (a la sal), guisada con patatas o a la industria conservera. *Parrocha* es la pequeña y *parrochina* la más pequeña. El bonito, en rodajas a la plancha, en marmita o con tomate. También es corriente la rulada de bonito. Con la *ventrisca* (que

▌ Productos con denominación de origen

Es tal la riqueza gastronómica asturiana que son numerosos los productos acogidos a las distintas denominaciones de origen. Productos con Denominación de Origen Protegida de Asturias son: los quesos de Cabrales, Los Beyos, *Afuega'l pitu, Gamoneu* y Casín; el Vino de Cangas; la Ternera de Asturias; el Chosco de Tineo (un embutido curado y ahumado); la Sidra de Asturias; la Faba Asturiana; la Escanda de Asturias (un cereal que produce una harina muy especial para hacer pan), y los productos agrícolas ecológicos amparados en el Consejo de la Producción Agraria Ecologica del Principado de Asturias (COPAE). Para dar a conocer mejor estos productos, Asturias cuenta con varios museos y centros divulgativos: Cueva-exposición del queso, en Arenas de Cabrales; Museo de la Sidra, en Nava; Casa de la Apicultura, en Boal, y Museo de la Lechería, en la Foz de Morcín (Santa Eulalia).

Caza

La caza mayor, al igual que la pesca en los ríos, está muy protegida y organizada. Su elenco: jabalí, corzo, rebeco, venado y gamo, con un parecido tratamiento culinario en estofados y sus séquitos de purés de manzana o castañas. "A la cazadora" se preparan conejos y liebres y también las perdices; si bien la moda las hermana ahora con las *fabes*.

La caza por lo general va a la olla albardada con tiras de tocino; las salsas llevan nueces, cebollas y zanahorias; van especiadas y son densas. Las codornices y los pollo-tordos casan con el hojaldre. Los pichones son asados "a la diabla". Por último, la nota romántica: cuando aparece el otoño llega desde el norte europeo la arcea, que es llamada en otras partes becada o chocha, y que ama las pomaradas. En Asturias se la corresponde, tanto que sus recetas son nobles: al sarmiento, rellena de trufas, flambeada, o en volován.

no, ventresca ni ventrecha aquí) se hacen sabrosos guisos al horno aprovechando su grasa en el fondo de la besuguera. El besugo, para el horno; "a la espalda" es la fórmula vernácula, siempre en piezas enteras, excepto el besugo con fideos de Cimavilla. Uno de los pescados más aplaudidos por los piscívoros astures es el gustoso congrio, que tendrá mil recetas. Como el mero (en salsa de eneldo), el rodaballo (a la marinera), el lenguado (a la mantequilla), la lubina (al *fenoyu* o hinojo), la chopa (a la sidra), el gallo (relleno), el *tiñosu* y el cabracho (en sopas), o el gran salmonete de entre las rocas. La relación es interminable.

Los ríos deparan un trío de ases: el reo, la trucha y el salmón. Como localismo apuntan la caldereta de salmón de Cornellana o el salmón a la ribereña de Cangas, la trucha guisada con grasa de cerdo ahumada, y el reo frito del río Sella, en Cangas de Onís. La lamprea, casi desaparecida, guisada en su sangre. Las rías son generosas en anguilas (a la parraguesa en Arriondas) y angulas a los modos clásicos y en tortilla o como guarnición de gala.

Mariscos

345 kilómetros de costa batida, entre las que hay numerosas cetáreas, ofrecen una exuberante riqueza marisquera. Los amados crustáceos por lo general van cocidos; con el caldo resultante se hacen las llamadas sopas de vísperas. El rey es el centollo, al que siguen en alcurnia la langosta o el *bufre,* como se llama al bogavante (en otros puntos costeros *lubrigante* o *yocantaru*). Aquí a las nécoras (extraordinarias en cremas) se les llama *andaricas* y a los erizos de mar (salsas y revueltos) *oricios;* estos son el caviar asturiano; preparar los erizos gratinados es "rizar el oricio".

Pasemos por alto, por no pecar, el catálogo de ostras, almejas, percebes, mejillones, quisquillas, bígaros y hasta las humildes lapas (*llámpares*) que se guisan con fuertes especias y entran en la caldereta, guiso que desata los chovinismos particulares. La caldereta puede ser solo de mariscos o de pescados de roca, pero lo preceptivo es que lleven mariscos, pescados de roca (*tiñosu, cabra, maragota*) y pescados de altura. Tampoco desdeñemos el mundo de los moluscos, como el *pulpo de pedréu con tatines* (es decir, del pedrero con patatas pequeñas), las potas guisadas o los chipirones en su tinta. Un compendio de todo ello se encontrará en algún eminente salpicón, o en alguna desenfrenada y frecuente mariscada de celebraciones.

▌Carnes

Aunque en los últimos años el cachopo parece haber colonizado cartas y fogones, el recetario asturiano es rico en carnes y preparaciones: la chuleta de ternera "a la antigua" (asadas y luego guisadas), la carne "batallón", la sopa de rabo de buey, la ternera con setas, el chuletón de ternera culona, el entrecot al cabrales, el estofado de buey o bien otro famoso estofado llamado "carne gobernada".

Párrafo aparte para los callos que aquí se cocinan divinamente en Noreña, en Oviedo, con tocino, sidra y coñac, y en otros puntos mezclado con manos de cerdo y con tacos de jamón. El cordero se armoniza al fuego con patatas o verduras; sus chuletas se empanan y su receta más popular es "a la estaca". El pitu o pollo de aldea es delicado y sabroso. La gallina también posa en el paisaje y está en las cocinas donde motiva la pepitoria y sirve para el caldo o la sopa de menudillos con huevos no natos. Los nacidos van rellenos, escalfados o cocidos para contrastar la sidra. Las tortillonas son famosas, la de patatas en dados con mucha cebolla y muy quemada, aunque cruda por dentro, la de merluza y oricios, la de sardinas salonas, la "paisana", la de formigos con pan...

▌Postres

Para localizar el paraíso terrenal, por si la belleza natural no fuese suficiente razón, Asturias aporta la manzana omnipresente. La raneta o reineta para asar, la colunga para hacer sidra, la rosalisa para decoración por su color rojo encendido, el péru mingán para los emigrantes. Y todas para comer en crudo, incluso la carrió y la penera, que hacen de comparsas en la elaboración de la sidra. Aquí se presume de las cerezas picotas; de las peras, de las ciruelas claudias de San Román de Candamo; de los albaricoques, melocotones y piescos, del higo miguelino y de las fresas de Candamo, pequeñas e intensas, casi moradas. Por más, destacar la calidad de las avellanas y de las castañas mayuyes, cocidas con leche, machacadas para farsas o rellenos, o bien protagonistas en los días de magüesto de algunos potes. La repostería asturiana es obra de numerosas y eminentes confiterías. Son populares: los frixuelos, parientes de las filloas gallegas; y los casadielles, hojaldres típicos de Carnaval. Un enorme paraíso para el goloso, en las confiterías de todos los pueblines: tocinillos de Grado, suspiros de Pajares, carajitos de Salas, la marañuela de Luanco, las milhojas de Cangas de Onís, los borrachinos de Gijón, la venera de Navia y el carbayón de Oviedo. Y el emblemático arroz con leche.

▌Quesos

Asturias es la región mundial con más variedad de quesos artesanales. Cada valle tiene su queso y es una delicia degustarlo en su entorno, fuera de las rutas comerciales y manufactureras. Tres quesos son las estrellas de los Picos de Europa: los Beyos, Gamonedo y Cabrales. Tres fases tiene el proceso: en el arnín, aro corteza donde va la cuajada salada y separada del suero, está un día en repisa alta o viga. En el horru de la cabaña del pastor (con fuego por las noches) hasta que tenga cardenillo. Y en el cuevu, forrado con hojas de plágano, hasta que termine su fermentación.

Son quesos de leche mezclada de oveja, cabra y vaca. Cuando este ganado pasta en la zona de Onís, Bobia y Mestas, come la hierba ácida conocida por gamón y surge el queso Gamonedo, que es una joya tanto de la naturaleza como de la gastronomía.

Otros quesos asturianos destacados son el Casin (de Campo de Caso), el Peñamellera (también de los Picos), el Afuega'l pitu (de la zona central, entre Pravia y Narcea), la Peral (de Grado), el Cuayau (cerca de Llanes) y el de Urbiés (Quirós).

Restaurantes

ARRIONDAS

Casa Marcial
- ✉ La Salgar, s/n (Parres).
- ☎ 985 840 991.
- 🖰 https://casamarcial.es
- 🍽 Menús degustación: desde 120 €.

Alta cocina asturiana en la que se han modernizado platos típicos como el *pitu de caleya* o los tortos.

AVILÉS

Casa Alvarín
- ✉ De Los Alas, 2.
- ☎ 985 540 113.
- 🖰 www.casaalvarin.com
- 🍽 Precio medio: 40 €.

Uno de los *chigres* de más tradición de Avilés. Caza en temporada y siempre mariscos y pescados en parrillada.

Casa Tataguyo
- ✉ Plaza del Carbayedo, 6.
- ☎ 985 564 815.
- 🖰 http://tataguyo.com
- 🍽 Precio medio: 50 €.

Un clásico. Cocina regional muy cuidada.

Ronda 14
- ✉ Alfonso VII, 20.
- ☎ 684 664 714.
- 🖰 https://ronda14.com
- 🍽 Precio medio: 40 €.

Mario Céspedes elabora una cocina en la que fusiona las elaboraciones peruanas y la materia prima de la tierra con un resultado de primera.

Yumay
- ✉ Rafael Suárez, 7.
- ☎ 985 570 826.
- 🍽 Precio medio: 35 €.

Sidrería situada en las afueras de la villa con una excelente selección de productos de la lonja local.

CANDÁS

El Cubano
- ✉ Avda. Ferrocarril, 8.
- ☎ 985 870 003.
- 🍽 Precio medio: 25 €.

Mariscos, pescado de roca y calderetas. Local muy espacioso y concurrido.

CANGAS DE ONÍS

Los Arcos
- ✉ Pza. del Ayuntamiento, 3.
- ☎ 985 849 277.
- 🖰 www.loslagosnature.com
- 🍽 Precio medio: 35 €.

Restaurante del hotel Los Lagos Nature. Cocina de autor, cuidada y generosa.

El Molín de la Pedrera
- ✉ Avda. Río Güeña, 2.
- ☎ 985 849 109.
- 🖰 https://elmolindelapedrera.com
- 🍽 Precio medio: 30 €.

Encantador restaurante de gestión familiar con más de cuarenta años de experiencia. Excelente cocina asturiana.

CANGAS DEL NARCEA

Blanco
- ✉ Mayor, 11.
- ☎ 985 810 316.
- 🖰 www.restauranteisabel.es
- 🍽 Precio medio: 30 €.

Cocina regional de temporada y platos de caza.

María Luisa
- ✉ Las Mestas, 10. (Las Mestas, Villategil).
- ☎ 985 811 143.
- 🍽 Precio medio: 20 €.

Comida casera a un precio muy económico.

Marroncín

- ✉ Las Mestas, 8 (Las Mestas, Villategil).
- ☎ 985 811 051.
- 🍽 Precio medio: 40 €.

Cocina casera tradicional y buena bodega en un agradable local.

CUDILLERO

Isabel
- ✉ Ribera, 1.
- ☎ 985 590 211.
- 🍽 Precio medio: 40 €.

Calderetas de pescados y maricos.

FIGUERAS/ AS FIGUEIRAS

Peñalba
- ✉ Avenida Trenor, 22.
- ☎ 985 636 166.
- 🍽 Precio medio: 40 €.

Frente al puerto pesquero, uno de los clásicos del occidente. Cocina marinera.

GIJÓN/ XIXÓN

Casa Gerardo
- ✉ Ctra. AS 19, km 8,5 (en Prendes, a 10 km de Gijón).
- ☎ 985 887 797.
- 🖰 www.restaurantecasagerardo.es
- 🍽 Precio medio: 75 €.

Fabada extraordinaria y arroz con leche. Completa carta de vinos. Es uno de los mejores restaurantes asturianos.

Antiguo Zabala
- ✉ Vizconde de Campogrande, 2. Cimavilla.
- ☎ 985 341 731.
- 🍽 Precio medio: 40 €.

Concurrido local (hay que pedir mesa) donde guisan

los pescados de forma insuperable. Ventresca de bonito, besugo a la espalda o congrio con patatas.

La Tabla

- ✉ Ctra. AS-377, km 8. (Fano, a 12 km de Gijón).
- ☎ 985 136 456.
- 🖥 www.restaurantela tabla.com
- 🍽 Precio medio: 50 €.

Cocina moderna, exquisita y sencilla, con el añadido de sus raciones abundantes. Comedor agradable y cuidado sin caer en lo sofisticado.

Los Nogales

- ✉ La Matona, 118 (Santurio, a 9,80 km de Gijón).
- ☎ 985 336 334.
- 🖥 https://losnogales restaurante.es
- 🍽 Precio medio: 40 €.

Pescados y mariscos de absoluta garantía y calidad, en un comedor muy informal.

Auga

- ✉ Claudio Alvargonzález, s/n.
- ☎ 985 168 186.
- 🖥 https://restaurante auga.com
- 🍽 Precio medio: 50 €.

Gonzalo Pañeda y Antonio Pérez ofrecen una cocina de mercado actualizada en la que técnica e intuición encuentra un punto de equilibrio muy sabroso.

La Solana de Somió

- ✉ Dr. José Muñiz González, 189. Somió (a 4 km de Gijón).
- ☎ 655 172 360.
- 🍽 Precio medio: 40 €.

Cocina tradicional elaborada con productos de proximidad, pescados.

Sidrería La Farola de Gijón

- ✉ San Bernardo, 2.
- ☎ 985 172 543.
- 🍽 Precio medio: 20-25 €.

Sidrería muy bien decorada, frecuentada por gente joven. Deliciosas las almejas y los postres caseros, como los frixuelos con frutas del bosque.

Sidrería Casa El Cartero

- ✉ Cienfuegos, 30.
- ☎ 985 362 558.
- 🍽 Precio medio: 35 €.

Auténtico *chigre* donde destaca una materia prima de alta calidad: cigalas, percebes, bogavantes, besugos y lubinas en preparaciones sencillas.

La Nueva Zamorana

- ✉ Hermanos Felgueroso, 38-40.
- ☎ 985 196 584.
- 🖥 https://lanueva zamorana.com
- 🍽 Precio medio: 50 €.

Afamada marisquería con platos muy logrados.

Sidrerías en Gijón

Están distribuidas por toda la ciudad con una gran concentración junto a la Plaza Mayor, el muelle y alrededores de la calle de Pablo Iglesias. Algunos nombres recomendables son **La Galana** (Plaza Mayor, 10; telf. 985 172 429; https://restauranteasturianolagalana.es), **El Globo** (San Bernardo, 13; telf. 985 172 247) o **El Mallu** (Pola de Siero, 12; telf. 985 319 410; www.sidreriaselmallugijon.es). Capítulo especial son los *chigres* y *llagares* donde la sidra se escancia directamente de los toneles. El

mejor ejemplo es **Trabanco** (Lavandera, s/n; telf. 985 138 003; www.casatrabanco.com), a unos 12 km del centro de Gijón.

LASTRES/ LLASTRES

El Cafetín

- ✉ Matemático Pedrayes, s/n.
- ☎ 985 877 941.
- 🍽 Precio medio: 25 €.

Local pequeño siempre lleno, donde sirven estupendos potes y cocina marinera.

Casa Eutimio

- ✉ San Antonio, s/n.
- ☎ 985 850 012.
- 🖥 www.casaeutimio.com
- 🍽 Precio medio: 30 €.

Pescados a la plancha de gran calidad.

LLANES

La Marina

- ✉ Las Gaviotas, s/n.
- ☎ 985 400 012.
- 🍽 Precio medio: 30 €.

Buenos mariscos y pescados.

LUARCA

Villa Blanca

- ✉ Avda. de Galicia, 25-27.
- ☎ 985 641 079.
- 🍽 Precio medio: 45 €.

Fabadas y postres caseros.

MIERES

El Cenador del Azul

- ✉ Aller, 15.
- ☎ 985 453 547.
- 🍽 Precio medio: 25 €.

Cuidada cocina en la que se combinan productos de primera calidad con buenas dosis de sabiduría.

NAVIA

El Galeón de Pepe

- ✉ Vega de Arenas (Playa de Navia).
- ☎ 985 474 120.
- 🖥 Precio medio: 40 €.

Pepe Santiago afianza el prestigio de la saga con una cocina tradicional de exquisitas materias primas.

La Villa Sidrería

- ✉ Ramón de Campoamor, 4.
- ☎ 985 624 884.
- 🖥 https://sidrerialavilla.com
- 🖥 Precio medio: 30 €.

Comedores informales para degustar tablas de quesos, escalopines al cabrales, pulpo y carne de ternera.

OTUR

Casa Consuelo

- ✉ Ctra. N 634, km 511.
- ☎ 620 788 690.
- 🖥 www.casaconsuelo.es
- 🖥 Precio medio: 40 €.

Se inició como parada de camioneros y hoy por toda Asturias se habla de su sopa de mariscos, su besugo, su merluza con cococchas, sus fabes y el solomillo que le dio fama.

OVIEDO

Mestura

- ✉ Jovellanos, 2.
- ☎ 673 004 094.
- 🖥 www.mestura restaurante.com
- 🖥 Precio medio: 50 €.

Javier Loya ofrece en el Gran Hotel España su delicada apuesta por la gastronomía de altura. Solo para eventos a partir de 10 personas.

Casa Fermín

- ✉ San Francisco, 8.
- ☎ 985 216 452.
- 🖥 www.casafermin.com
- 🖥 Precio medio: 50 €.

Famoso local acreditado en todas las guías. Magnífica bodega y servicio.

Pedro Martino

- ✉ La Rienda, 14. Caces.
- ☎ 684 603 384.
- 🖥 https://pedromartino.es
- 🖥 Precio medio: 60 €.

Pedro Martino es uno de los cocineros más renombrados de la ciudad. Cocina actual ajustada a todos los precios y gustos, es decir, imaginativa, seductora y bien presentada.

Del Arco

- ✉ Plaza de América 6 (esq. a General Zuvillaga).
- ☎ 985 255 522.
- 🖥 https://delarco.com
- 🖥 Precio medio: 50 €.

Local de gran altura. Cambio de carta estacional. Se recomienda la época otoñal, por la brillante elaboración de los platos de caza. Entorno agradable.

Ca'Suso

- ✉ Marqués de Gastañaga, 13.
- ☎ 985 228 232.
- 🖥 https://ca-suso.com/
- 🖥 Precio medio: 45 €.

Los hermanos Fernández Feito ofrecen un contundente repaso al recetario tradicional asturiano.

La Máquina de Lugones

- ✉ Avda. Conde de Santa Bárbara, 59. Lugones (a 6 km de Oviedo).
- ☎ 985 263 636.
- 🖥 https://lamaquinade lugones.es
- 🖥 Precio medio: 35 €.

Famosa catedral de la fabada y el arroz con leche.

El Raitán

- ✉ Plaza de Trascorrales, 6.
- ☎ 984 085 972.
- 🖥 Precio medio: 30 €.

Local de estilo popular. Copioso menú fijo de estrellas culinarias por un buen precio. Bodega también bastante recomendable.

La Corte de Pelayo

- ✉ San Francisco, 21.
- ☎ 985 213 145.
- 🖥 https://lacortedepelayo.com
- 🖥 Precio medio: 45 €.

Presume de contar con la fabada finalista en el Campeonato del Mundo de 2018. Añade, además, una extensa carta de cocina tradicional con toques de fusión.

POLA DE SIERO

La Ferrada

- ✉ Avda. de La Belga, s/n (Noreña).
- ☎ 985 743 752.
- 🖥 www.restaurantela ferrada.com
- 🖥 Precio medio: 45 €.

Restaurante especializado en platos locales actualizados, como las mollejas y la lengua ahumada.

El Asador de Abel

- ✉ La Revuelta del Coche, s/n (Argüelles).
- ☎ 985 740 913.
- 🖥 www.elasadordeabel.com
- 🖥 Precio medio: 45 €.

Asador asturiano de alto nivel. Buenas materias primas y excelente elaboración.

RIBADESELLA

La Parrilla

- ✉ Palacio Valdés, 33.
- ☎ 985 860 288.
- 📱 https://laparrillade ribadesella.com
- 🍴 Precio medio: 45 €.

Hace honor a su nombre, sobre todo con los pescados. Sidrería.

El Repollu

- ✉ Santa Marina, 3.
- ☎ 985 860 734.
- 🍴 Precio medio: 30 €.

Guisos de pescadores en un pequeño comedor.

SALAS

Al Son del Indiano

- ✉ Plaza Conde de Casares, 1 (Malleza).
- ☎ 985 835 844.
- 📱 https://alsondelindiano. com
- 🍴 Precio medio: 40 €.

Cocina moderna sobre platos tradicionales y excelente materia prima.

SALINAS

Real Balneario

- ✉ Avda. Juan Sitges, 3.
- ☎ 985 518 613.
- 📱 www.realbalneario.com
- 🍴 Precio medio: 88 €.

Isaac Loya es garantía de una cocina muy cuidada.

TAPIA DE CASARIEGO

La Marina

- ✉ Fernando Villamil, avda. del Muelle, 10.
- ☎ 985 628 488.
- 📱 www.restaurantela marinatapia.es
- 🍴 Precio medio: 40 €.

Una institución en la villa marinera, situado frente al muelle pesquero. Contundente y sabroso.

Palermo

- ✉ Párroco Bonifacio Amago, 13.
- ☎ 985 628 370.
- 🍴 Precio medio: 40 €.

Un clásico con más de tres décadas de trayectoria. Organiza varias jornadas de producto a lo largo del año y una excelente propuesta de tapeo.

TARAMUNDI

La Rectoral de Taramundi

- ✉ Cuesta de la Rectoral, s/n.
- ☎ 985 646 760.
- 📱 www.larectoral.com
- 🍴 Precio medio: 50 €.

Restaurante del hotel del mismo nombre, instalado en una casa del siglo XVIII. Cocina asturiana, rotunda y honesta con productos locales.

TAZONES

El Catalín

- ✉ Bº Atalaya, 9 (Villaviciosa).
- ☎ 985 897 113.
- 🍴 Precio medio: 30 €.

Con un amplio mirador sobre el pintoresco casco urbano de Tazones, cocina tradicional asturiana y marinera.

El Rompeolas

- ✉ San Miguel, 21 (El Muelle).
- ☎ 985 897 013.
- 🍴 Precio medio: 30 €.

Ambiente de *chigre* marinero que ofrece una suculenta cocina de mar elaborada con soberbias materias primas.

La Nansa

- ✉ Bº San Roque, 20.
- ☎ 985 897 038.
- 🍴 Precio medio: 40 €.

A dos pasos del muelle, cocina marinera y agradable terracita.

TINEO/TINÉU

Casa Lula

- ✉ El Crucero, 10.
- ☎ 985 801 600.
- 📱 www.casalula.com
- 🍴 Precio medio: 35 €.

La cocina de las tres guisanderas es garantía de goce culinario. Merece la pena el desvío.

VILLAVICIOSA

Sidrería Lena

- ✉ Cervantes, 2.
- ☎ 984 833 197.
- 🍴 Precio medio: 30 €.

Sidrería gastronómica bajo la firma de Jaime Uz.

El Congreso de Benjamín

- ✉ Pza. del Ayuntamiento, 25.
- ☎ 985 892 580.
- 🍴 Precio medio: 30 €.

En el hostal del mismo nombre. Sidrería muy popular. Destacan, sobre todo, los embutidos y los guisos caseros.

Casa Cortina

- ✉ San Juan, 41. Amandi.
- ☎ 985 893 200.
- 📱 www.sidracortina.com
- 🍴 Precio medio: 20 €.

Sidrería con muy buen ambiente y excelentes materias primas.

Sidrería El Garitu

- ✉ Víctor García de la Concha, 16.
- ☎ 984 194 651.
- 🍴 Precio medio: 35 €.

Comida informal en ambiente sidrero.

Compras

GASTRONÓMICAS

Productos gastronómicos de calidad pueden adquirirse en casi todas las localidades. Destacan los quesos artesanos, en la zona de los Picos y el de Los Oscos (de vaca, suave y mantecoso, en Grandas de Salime). También en Los Oscos, miel. Cualquiera de las casas del camino que anuncia su venta inspira confianza. Puede comprarse sidra en cualquier establecimiento, pues todas suelen ser de calidad (especialmente en la zona de Nava).

Oviedo

Mercado El Fontán
✉ Plaza 19 de Octubre, s/n.
☎ 985 204 394.
Además de los típicos productos cárnicos y de pescadería, se pueden comprar los afamados quesos asturianos.

Coalla Oviedo
✉ Asturias, 14.
☎ 984 133 262.
🖥 https://coallagourmet.com
En esta tienda *gourmet* encontrarás vinos nacionales e internacionales y quesos de importación. Organizan degustaciones y catas.

Tierra Astur
✉ Gascona, 1.
☎ 985 202 502.
🖥 https://tierra-astur.com
El primer establecimiento de esta popular cadena de restaurantes y distribución de productos asturianos fue este de la calle Gascona, en el corazón de Oviedo. Quesos de las diferentes variedades del Principado, embutidos y legumbres.

Camilo de Blas
✉ Jovellanos, 7.
☎ 985 211 851.
🖥 https://camilodeblas.es
Local de leyenda en el que Woody Allen rodó escenas de *Vicky Cristina Barcelona*. Aquí se inventó la receta de los célebres *carbayones* allá por 1914.

Las Arenas de Cabrales

Quesería Vega de Tordín
✉ Barrio La Ería, s/n.
☎ 674 597 738.
🖥 www.vegadetordin.com
Organizan visitas guiadas a sus instalaciones. Venta de queso propio.

Avilés

Mercado general, los lunes en la plaza Hermanos Horbón.
Desde la Oficina de Turismo de Avilés se organizan visitas a la Rula de Avilés en las que se puede ver en vivo cómo se realiza la subasta del pescado.

Confitería Vidal
✉ La Cámara, 77.
☎ 985 569 206.
Repostería tradicional, turrones y mazapanes. Cafetería propia.

Confitería Polledo
✉ Rivero, 16.
☎ 985 541 313.
Marañuelas y mantecados de Avilés

Cangas de Onís

Interesante mercado general los domingos.

La Barata
✉ Avda. de Covadonga, 15.
☎ 985 849 313.
🖥 https://la-barata.com
Quesos y otros productos asturianos.

Quesos Aquilino
✉ Ángel Tarano, 1.
☎ 985 947 106.
🖥 www.quesosaquilino.com
Quesos y legumbres del país. Productos típicos.

Cangas del Narcea

Cooperativa Santulaya
✉ Santa Eulalia de Cueras, a 1 km de la villa.
☎ 985 812 660.
🖥 https://santulaya.com
Embutidos y conservas de gran calidad.

Gijón/Xixón

Más de 70 establecimientos diseminados por la ciudad se dedican a endulzar los paladares de propios y extraños en Gijón. El ayuntamiento puso en marcha la iniciativa Gijón Goloso, un bono de 5 o 10 degustaciones que permite disfrutar de estas delicias en varios establecimientos. Algunos son: **Argüelles** (Celestino Junquera, 4; telf. 985 359 888) y **Pomme Sucre** (Libertad, 26; telf. 985 354 193).

Turrones y Helados Verdú

✉ Moros, 16.
☎ 985 341 170.
🖥 www.turronesverdu.com

Desde 1884, helados y turrones artesanos con fama en todo el mundo.

Llanes

Mercado general los martes.

Vega

- ✉ Mercaderes, 10.
- ☎ 985 400 822.
- 🌐 www.confiteriavega llanes.com

Pastelería fundada en 1950. Todo tipo de dulces.

Navia

Quesería de Abredo

- ✉ Abredo (Coaña).
- ☎ 985 473 733.
- 🌐 https://queseria artesanalabredo.com

Requesón y arroz con leche artesanos.

Pastelería Santa María

- ✉ Mariano Luiña, 18.
- ☎ 985 631 453.
- 🌐 www.pasteleriasanta maria.com

Especialidad en veneras.

Tapia de Casariego

El Viejo Pescador

- ✉ Arquitecto Francisco González Villamil, 5.
- ☎ 985 471 603.
- 🌐 https://elviejopescador. es

Conservas artesanas de pescado, en especial bonito del norte y anchoas del Cantábrico en aceite de oliva.

ARTESANÍA

Destacan los talleres ferreros de **Taramundi**, que fabrican útiles de cocina y aperos de labranza, así como los cuchillos de mango de madera de boj, zuecos y gaitas. La cerámica de los castros, anterior a la época romana, se mantiene viva con la llamada cerámica negra en pueblos como Faro (Oviedo) y Llamas de Mouro (Cangas de Narcea).

Además, entre mediados de diciembre y el 5 de enero se celebra en Oviedo la feria de artesanía "Rosaleda de Artesanos".

Cuero y pieles

Mim Cuero

- ✉ La Baragaña, 2 (Nava).
- ☎ 985 716 972.

Cerámica

Cerámica Llamas del Mouro

- ✉ Llamas del Mouro, s/n. Cangas del Narcea.
- 🌐 www.ceramicanegra asturias.com.

Laborna

- ✉ La Peña, 8. Balbona.
- ☎ 663 007 623.

Telar artesanal

Telar Irene Villar

- ✉ Santa Eulalia de Oscos.
- ☎ 670 553 927.

Cuchillos

Navallas de Taramundi

- 🌐 https://cqtaramundi. com.

▍ Vida nocturna

OVIEDO

Zona de vinos y sidras

Para sidra y tapear la calle Gascona es lo más típico y recomendable, con una sucesión de establecimientos alineados en ambas aceras del tramo peatonal.

Trascorrales, Manuel Pedregal y Fray Ceferino conforman también zonas de sidra y vinos, con buenos locales. La calle San Bernabé ha sido la zona de vinos más tradicional de Oviedo.

Zona de copas

Las calles del Rosal, Pérez de la Sala y Mon, en el casco antiguo, siempre han sido paradas indispensables para tomarse algo en bares repletos de gente joven, mientras que en Cimadevilla, la plaza del Pescado, la plaza del Paraguas, y la Corrada del Obispo, los ambientes pasan de veinteañeros a cuarentones en pocos metros. En Postigo Alto y sus alrededores existe variedad de locales.

GIJÓN

Zona de vinos y sidras

El ambiente de sidras y tapas se encuentra principalmente en los *chigres* de los alrededores de la Plaza Mayor. La llamada ruta de los vinos comprende las calles del Instituto, Santa Rosa y Buen Suceso.

Zona de copas

La mayor parte de los locales están en Cimavilla, el muelle, la dársena de Fomento y en las inmediaciones del Náutico.

Alojamientos

ARENAS DE CABRALES

Hotel Picos de Europa***

✉ Mayor, s/n.
☎ 985 846 491.
🖥 http://hotelpicos
deeuropa.com
🛏 Habitación doble:
desde 60 €.

Buen equipamiento y excelente servicio.

Hotel Principado de Europa***

✉ Carretera General, s/n.
En Poo de Cabrales.
☎ 985 845 481.
🖥 www.hotel
principado.com
🛏 Habitación doble:
desde 45 €.

Habitaciones muy agradables. Buen restaurante.

Hotel Mirador de Cabrales**

✉ Puente Poncebos, s/n
(Poncebos).
☎ 985 846 673.
🖥 www.hotelmirador
decabrales.com

Casonas Asturianas

El Principado de Asturias cuenta con una extensa oferta de establecimientos hoteleros: hoteles urbanos y rurales se complementan con una nutrida red de alojamientos de turismo rural y hoteles de playa. Lo más granado de sus hoteles rurales se reúne bajo el sello de calidad "Casonas Asturianas" (www.casonasasturianas.com).

🛏 Habitación doble:
desde 50 €.

Habitaciones bien acondicionadas.

AVILÉS

Hotel Palacio de Avilés*****

✉ Pza. España, 9.
☎ 985 129 080.
🖥 www.palaciodeaviles.
com
🛏 Habitación doble:
desde 80 €.

En el centro, en un edificio construido a finales del siglo XVII. Habitaciones modernas y bien equipadas.

Hotel Don Pedro***

✉ La Fruta, 22.
☎ 985 512 288.
🖥 https://hoteldonpedro.es
🛏 Habitación doble:
desde 60 €.

Buen nivel de servicios.

CANDÁS

Hotel City House Marsol****

✉ Astillero, s/n.
☎ 602 696 743.
🖥 https://hotelcityhouse
marsolcandas.com
🛏 Habitación doble:
desde 50 €.

En el puerto de la población, cercano a la playa.

CANGAS DE ONÍS

Parador Cangas de Onís****

✉ Monasterio de San Pedro de Villanueva, s/n. Villanueva.
☎ 985 849 402.
🖥 https://paradores.es
🛏 Habitación doble:
desde 85 €.

A orillas del Sella, con bonitas vistas, en plena naturaleza. Modernas y confortables habitaciones. Estupendo restaurante de cocina regional.

Hotel Los Lagos Nature***

✉ Pl. del Ayuntamiento, 3.
☎ 985 849 277.
🖥 www.loslagosnature.
com
🛏 Habitación doble:
desde 56 €.

Situado en el centro de la localidad. En recepción facilitan información de actividades en la zona.

Hotel Puente Romano**

✉ Puente Romano, s/n.
☎ 985 849 339.
🖥 http://hotelpuente
romanocangas.com
🛏 Habitación doble:
desde 45 €.

Acogedor, de capacidad reducida.

Hotel rural Coviella

✉ Lugar Coviella, 53
(Cangas de Onís).
☎ 985 843 757.
🖥 https://hotelcoviella.
com
🛏 Habitación doble:
desde 43 €.

A 6 km de Cangas, en la aldea de Covella, con vistas a la montaña y rodeado de una bonita finca.

CANGAS DEL NARCEA

Hotel El Molinón**

✉ Uría, 40.
☎ 985 812 952.
🖥 www.hotelmolinon.com
🛏 Habitación doble:
desde 50 €.

17 habitaciones. Sencillo y confortable. Restaurante recomendable.

CASTROPOL

Palacete Peñalba****

- ✉ Celso Granda (Figueras).
- ☎ 646 907 741.
- 🛏 Habitación doble: desde 135 €.

Construido en 1912 por un discípulo de Gaudí. Decoración modernista. En un entorno excepcional.

COVADONGA

Gran Hotel Pelayo****

- ✉ Real Sitio de Covadonga, s/n.
- ☎ 985 846 061.
- 🖰 https://granhotelpelayo. com
- 🛏 Habitación doble: desde 51 €.

Clásico hotel entre la gruta y la basílica.

CUDILLERO/ CUIDEIRU

La Casona de Pío**

- ✉ Riofrío, 3.
- ☎ 985 591 512.
- 🖰 www.lacasonadepio.com
- 🛏 Habitación doble: desde 52 €.

En el centro del pueblo, familiar y confortable. Restaurante de cocina casera.

GIJÓN/XIXÓN

Parador de Gijón****

- ✉ Avda. Torcuato Fernández Miranda, 15.
- ☎ 985 370 511.
- 🖰 https://paradores.es
- 🛏 Habitación doble: desde 75 €.

En un marco idílico, con buenas instalaciones.

Hotel Begoña Park****

- ✉ Ctra. de la Providencia, 566.
- ☎ 985 133 909.
- 🖰 www.hotelbegona park.com
- 🛏 Habitación doble: desde 55 €.

Al final de la playa de San Lorenzo, en una zona residencial muy tranquila. Agradable patio ajardinado.

Hotel Hernán Cortés****

- ✉ Fernández Vallín, 5.
- ☎ 985 346 000.
- 🖰 https://hotelhernan cortes.es
- 🛏 Habitación doble: desde 55 €.

Céntrico, clásico y renovado.

Hotel Príncipe de Asturias****

- ✉ Manso, 2.
- ☎ 985 367 111.
- 🖰 www.hotelprincipe asturias.com
- 🛏 Habitación doble: desde 60 €.

Frente a la playa de San Lorenzo. Buen servicio.

Hotel Zentral Gijón Rey Pelayo****

- ✉ Avda. Torcuato Fernández Miranda, 26.
- ☎ 985 199 800.
- 🖰 https://hotelzentral gijon.com
- 🛏 Habitación doble: desde 55 €.

Uno de los más modernos de Gijón, de elegante diseño, con buenas instalaciones y servicio atento. Ocupa un edificio de 8 plantas y cuenta con un total de 130 habitaciones.

Hotel Alcomar***

- ✉ Cabrales, 24.
- ☎ 985 357 011.
- 🖰 www.hotel alcomar.com
- 🛏 Habitación doble: desde 55 €.

Una fachada llamativa y una ubicación perfecta, frente a la playa. Habitaciones confortables.

Hotel Asturias***

- ✉ Plaza Mayor, 12.
- ☎ 985 350 600.
- 🖰 https://hotelasturias gijon.es
- 🛏 Habitación doble: desde 57 €.

Estupendo emplazamiento. Decoración años 50, ambiente grato y espacioso.

La Casona de Jovellanos***

- ✉ Plazuela de Jovellanos, 1.
- ☎ 985 341 264.
- 🖰 www.lacasona dejovellanos.com
- 🛏 Habitación doble: desde 45 €.

En el barrio de Cimavilla, en el antiguo edificio del Real Instituto Asturiano. Habitaciones amplias y confortables.

Hotel Bahía**

- ✉ Avda. del Llano, 44.
- ☎ 985 163 700.
- 🖰 www.hotelbahiagijon.es
- 🛏 Habitación doble: desde 48 €.

Las habitaciones son muy sencillas, pero el ambiente resulta bastante agradable. Trato cordial.

LLANES

Hotel La Arquera***

- ✉ La Arquera, s/n.
- ☎ 985 402 424.
- 🖰 www.hotellaarquera.com
- 🛏 Habitación doble: desde 60 €.

Típica casona solariega entre el mar y la montaña. Combina tradición y modernidad.

La Posada de Babel***

- ✉ La Pereda, s/n.
- ☎ 985 40 25 25.
- 🖰 www.laposadade babel.com
- 🛏 Habitación doble: desde 88 €.

Bonito edificio situado en una finca entre el mar y la montaña. Doce habitaciones muy confortables. Dispone de un buen restaurante.

Hotel Cuevas del Mar**

- ✉ Plaza Laverde Ruiz, s/n. Nueva de Llanes.
- ☎ 985 410 377.
- 🖰 www.cuevasdelmar.com
- 🛏 Habitación doble: desde 55 €.

12 habitaciones bien equipadas.

Casa La Montaña Mágica

- ✉ El Cuanda. Allende.
- ☎ 985 925 176.
- 🖰 https://lamontana magica.es

Hotel rural con un conjunto de viviendas rehabilitadas, hórreo, cuadras, invernaderos y jardín desde donde se divisan los Picos de Europa.

LUARCA

Hotel Villa La Argentina

- ✉ Villar, s/n (Luarca).
- ☎ 985 640 102.
- 🖰 https://villalaargentina.com
- 🛏 Habitación doble: desde 98 €.

En el barrio de Villar de Luarca, esta casona indiana construida en 1899 es uno de los alojamientos con más encanto del Principado. Perteneciente a la red de Casonas Asturianas.

Hotel Villa de Luarca***

- ✉ Álvaro de Albornoz, 6.
- ☎ 985 470 703.
- 🖰 www.hotelvillade luarca.com
- 🛏 Habitación doble: desde 54 €.

Una preciosa casa de indianos en cuya restauración se ha recuperado todo su esplendor de antaño.

Hotel 3 Cabos

- ✉ Ctra. de El Vallín, s/n (Valdés).
- ☎ 985 924 252.
- 🖰 https://hotelrural 3cabos.com
- 🛏 Habitación doble: desde 95 €.

A 7 km de Luarca, en un espectacular paraje muy cerca del Cantábrico, un coqueto establecimiento rural que combina diseño y elegancia.

NAVIA

Hotel Palacio de Arias***

- ✉ Avda. de los Emigrantes, 11.
- ☎ 985 473 671.
- 🖰 https://palacioarias.es
- 🛏 Habitación doble: desde 62 €.

Antiguo palacete de indianos. Anexo con apartamentos.

Hotel Regueiro***

- ✉ Tox, s/n.
- ☎ 985 648 594.
- 🖰 www.restaurante regueiro.es

El cocinero Diego Fernández tomó las riendas del antiguo hotel Villa Borinquen para abrir su restaurante gastronómico y ofrecer, además, alojamiento en este chalé de comienzos del xx.

OVIEDO

Barceló Oviedo Cervantes*****

- ✉ Cervantes, 13.
- ☎ 985 255 000.
- 🖰 www.barcelo.com
- 🛏 Habitación doble: desde 90 €.

Muy céntrico y totalmente nuevo, ocupa una rehabilitada casona del xx y dos edificios nuevos. Funcional, luminoso y confortable.

Eurostars Hotel de la Reconquista*****

- ✉ Gil de Jaz, 16.
- ☎ 985 241 100.
- 🖰 www.eurostars hotels.com
- 🛏 Habitación doble: desde 109 €.

Uno de los establecimientos más emblemáticos de Oviedo, está ubicado en el antiguo Real Hospicio, edificio del siglo xviii, situado en la zona céntrica y comercial.

AC Hotel Oviedo Fórum*****

- ✉ Plaza de los Ferroviarios, 1.
- ☎ 985 965 488.
- 🖰 www.marriott.com
- 🛏 Habitación doble: desde 74 €.

Moderno, bien equipado y confortable.

Hotel Zentral Ramiro I****

- ✉ Leopoldo Calvo Sotelo, 13.
- ☎ 985 232 850.
- 🖰 https://hotelzentral oviedo.com
- 🛏 Habitación doble: desde 48 €.

Próximo al Auditorio Príncipe Felipe, cómodo y con un buen servicio.

Eurostars Palacio de Cristal****

- ✉ Policarpo Herrero, s/n.
- ☎ 985 964 777.
- 🖰 www.eurostarshotels.com
- 🛏 Habitación doble: desde 66 €.

Ubicado en la parte posterior del Palacio de Congresos Ciudad de Oviedo, obra del arquitecto Santiago Calatrava. Moderno y confortable.

Hotel Nature Oviedo***

- ✉ Gloria Fuertes, 3.
- ☎ 985 080 430.
- 🖥 www.hotelnature oviedo.com.
- 🛏 Habitación doble: desde 50 €.

Un establecimiento personalizado, urbano y joven que ofrece, además, un pequeño centro de bienestar con spa y masajes. A diez minutos a pie del centro de la ciudad.

Hotel NH Oviedo Principado***

- ✉ San Francisco, 6.
- ☎ 985 217 792.
- 🖥 www.nh-hoteles.es
- 🛏 Habitación doble: desde 65 €.

Céntrico y con las características de su cadena.

Hotel Santa Clara**

- ✉ Santa Clara, 1.
- ☎ 985 087 070.
- 🖥 www.hotel-santaclara. es
- 🛏 Habitación doble: desde 40 €.

Hotel familiar, bien situado, con catorce habitaciones dotadas de servicios básicos y algún extra, como conexión wifi.

POLA DE ALLANDE

Hostal La Nueva Allandesa**

- ✉ Donato Fernández, 3.
- ☎ 985 807 027.
- 🛏 Habitación doble: desde 60 €.

Remodelado, trato familiar y amable. Con interesantes ofertas de media pensión o pensión completa, para degustar la comida del hotel.

PRAVIA

Hotel Casona del Busto***

- ✉ Pl. del Rey Don Silo, 1.
- ☎ 684 600 579.
- 🖥 www.hotelcasona delbusto.com
- 🛏 Habitación doble: desde 55 €.

Edificio histórico bien restaurado y reconvertido en hotel.

RIBADESELLA

Gran Hotel del Sella****

- ✉ Ricardo Cangas, 17. La Playa.
- ☎ 985 860 150.
- 🖥 https://granhotel delsella.com
- 🛏 Habitación doble: desde 75 €.

En el antiguo palacio de verano de los marqueses de Argüelles, al borde de la playa. Dispone de instalaciones anexas más modernas.

Hotel Ribadesella-Playa***

- ✉ Ricardo Cangas, 3.
- ☎ 985 860 715.
- 🖥 www.hotelribadesella playa.com
- 🛏 Habitación doble: desde 65 €.

Ocupa este hotel una antigua mansión junto a la playa. Resulta familiar y bastante agradable.

Hotel Paraje del Asturcón***

- ✉ Aldea de Junco (Xuncu), s/n (Ribadesella).
- ☎ 985 860 588.
- 🖥 https://hotelparajedel asturcon.com
- 🛏 Habitación doble: desde 66 €.

Hotel rural situado a 3 km de Ribadesella, en un paraje idílico sobre la ría. Habitaciones cálidas y confortables.

SALAS

Hotel Castillo de Valdés Salas**

- ✉ Pza. de la Campa, s/n.
- ☎ 985 830 173.
- 🖥 www.castillovaldes salas.es
- 🛏 Habitación doble: desde 54 €.

Instalado en el castillo de la villa. Atención a su patio interior. Las habitaciones son cómodas y agradables.

TAPIA DE CASARIEGO

Hotel San Antón

- ✉ Plaza San Blas, 2.
- ☎ 985 628 000.
- 🖥 www.hrsananton.com
- 🛏 Habitación doble: desde 50 €.

TARAMUNDI

La Rectoral de Taramundi****

- ✉ Cuesta de la Rectoral, s/n.
- ☎ 985 646 760.
- 🖥 www.larectoral.com
- 🛏 Habitación doble: desde 70 €.

Casa rectoral del siglo XVIII, bien rehabilitada. Uno de los pioneros en el turismo rural del occidente de Asturias. Asociado al club de "Casonas Asturianas".

VILLAVICIOSA

Hotel La Casona de Amandi***

- ✉ Calle de San Juan, 6 (Amandi).
- ☎ 985 893 411.
- 🖥 https://lacasonade amandi.com
- 🛏 Habitación doble: desde 90 €.

En una extensa finca. Las dependencias conservan el mobiliario original isabelino.

Información práctica

INFORMACIÓN TURÍSTICA

Oviedo

Centro de Información Turística del Principado de Asturias (CITPA)
- ✉ Plaza de la Constitución, 4.
- ☎ 984 493 563.
- 🖥 www.visitoviedo. info www.turismo asturias.es

Oficina de Turismo "El Escorialín"
- ✉ Marqués de Santa Cruz, s/n.
- ☎ 985 227 586.

Gijón

Infogijón
- ✉ Casa Paquet. Plaza Fermín García Bernardo, s/n.
- ☎ 985 341 771.
- 🖥 www.gijon.es

La Escalerona
- ✉ Escalera nº 4 de la Playa de San Lorenzo.
- ☎ 985 341 771.

Avilés
- ✉ Ruiz Gómez, 21.
- ☎ 985 544 325.
- 🖥 https://aviles.es

Cangas de Narcea
- ✉ Plaza de la Oliva, s/n.
- ☎ 985 811 498.
- 🖥 www.ayto-cnarcea.es

Enero

San Antón
En la Foz de Morcín, el día 17, fiestas en honor del santo celebradas con menú tradicional y *casadielles* de postre.

Certamen Provincial del Queso de *Afuega'l pitu*
También en la Foz de Morcín, el domingo siguiente, queso artesanal asturiano elaborado en los concejos de Morcín, en su variedad roja, con pimentón, y Grado, Candamo y Pravía, en su variedad blanca.

Febrero

Fiesta del Socorro
En Luanco, hasta el día 6. Pueblo pesquero, en el que preparan caldeirada de patatas y pescado en todos los establecimientos.

Les Comadres. En Pola de Siero, el jueves anterior a Carnaval. Las mujeres cuentan ese día con una bula especial, circunstancia que suele ser aprovechada por los hombres. Bollos *preñaos,* tortillas y sidra.

Marzo

Carnaval. Fiesta de fecha variable. El Martes de *Antroxu* o Martes del Gordo es el día gastronómico por excelencia, aunque todo el periodo lo sea, el cerdo fue tradicional protagonista de estas jornadas, que solían coincidir con la matanza.

Subida del Nazareno
En Luarca, el Jueves Santo, todo el pueblo acompaña con velas encendidas la Subida del Nazareno.

Abril

Fiestas de el Bollo
En Avilés, el Domingo de Pascua, fiesta declarada de Interés Turístico, se instauró a finales del siglo XIX como merienda colectiva para que los barrios avilesinos y sus habitantes dejaran de pelearse, hoy es una fiesta folclórica con degustación del bollo de mantecado escarchado y de vino blanco.

Fiesta de los Huevos Pintos
En Pola de Siero, Martes de Pascua, fiesta declarada de Interés Turístico, miles de huevos artísticamente decorados se venden durante la fiesta.

Primera Flor. En Grado, el domingo siguiente a la Pascua de Resurrección. Feria de jamones, hortalizas y otros productos derivados del cerdo.

▌ Mayo

Romería del Cristo de la Abadía
En Cenero, Gijón, el día 6, es la primera de la temporada.

Martes del Bollo o La Balesquida
En Oviedo, el martes de Pentecostés, tradicional romería en el Campo de San Francisco, con reparto del *bollu preñau*.

Festival del arroz con leche
En Cabranes, el segundo domingo de mayo, con motivo de la festividad de Santa Eulalia.

Feria del queso y del vino
En Avilés, en la segunda quincena del mes, con fecha variable y durante varios días, se celebra en el pabellón de la Magdalena.

▌ Junio

Festival de la fresa
En Grullos (Candamo), fecha variable. Exposición, concurso y venta de fresas, famosas en esta zona.

Fiestas de San Juan
En Colombres, el día 24, en Mieres. Hogueras.

Fiestas de San Pedro
En La Felguera, el día 29. Diversos festejos entre los que sobresale un concurso de empanadas.

Fiesta de L'Amuravela. En Cudillero, el día 29. Declarada de Interés Turístico. Se relatan de una forma irónica los hechos ocurridos durante el año tanto en el pueblo como en el país. La Amuravela se recita en *pixueto,* el dialecto local. En Langreo, durante estas fiestas se celebra un prestigioso Concurso de Cuentos.

▌ Julio

Fiesta del Cordero
El primer domingo de julio, los concejos vecinos de Quirós y Lena, celebran, en el Prau Llaguezos, el Concurso Nacional de Cordero Asado.

Festival de la Sidra Natural
En Nava, la capital de la sidra, el segundo sábado del mes, se celebra desde los años 60 con un concurso de escanciadores. Multitudinario.

Peñas de Pólvora. En Cangas del Narcea, el día 16. Festividad en honor de la Virgen del Carmen, patrona de los marineros. En los puertos de la costa son tradicionales las procesiones y las descargas de "voladores" en honor de la Virgen, como en Tapia de Casariego.

Fiesta del Pastor
En Cangas de Onís, el 25. Declarada de Interés Turístico. Los pastores de Covadonga, reunidos en el refugio municipal, discuten en concejo abierto sus problemas y eligen al regidor de pastos.

INFORMACIÓN TURÍSTICA

▌ Cangas de Onís
✉ Casa Riera. Avda. Covadonga, 1.
☎ 985 848 005.
🖥 www.turismo cangasdeonis.com

▌ Llanes
✉ Marqués de Canillejas (antigua Lonja de Pescado).
☎ 985 400 164.
🖥 www.llanes.es

▌ Luarca
✉ Plaza Alfonso X el Sabio. Palacio Marqués de Gamoneda.
☎ 985 640 083.
🖥 www.turismo luarca.com

▌ Ribadesella
✉ Paseo Princesa Letizia, s/n.
☎ 985 860 038.
🖥 www.ribade sella.es

▌ Tineo
✉ Plaza El Fontán, 22.
☎ 985 900 202.
🖥 wwww.tineo.es

▌ Villaviciosa
✉ Calle del Agua, 29. Casa de los Hevia.
☎ 985 891 759.
🖥 www.turismo villaviciosa.es

▌ Aeropuertos

Aeropuerto de Asturias
✉ En Castrillón, a 15 km de Avilés, 40 km de Gijón y 45 km de Oviedo.
☎ 913 211 000.
🖰 www.aena.es

Iberia
☎ 913 336 701.
🖰 www.iberia.com

Air Europa
☎ 911 401 501.
🖰 www.aireuropa.com

▌ Ferrocarril

Información de Renfe y Feve
☎ 912 320 320.
🖰 www.renfe.com

▌ Autobuses

Oviedo
Estación de autobuses
✉ Pepe Cosmen, s/n.
☎ 985 969 600.
🖰 www.estacionde autobusesde oviedo.com

Gijón
Estación de autobuses
✉ Magnus Blikstad, 2.
☎ 985 342 713.

Alsa
🖰 www.alsa.es

Fiesta de los Vaqueiros de Alzada

Cada último domingo del mes. Fiesta declarada de Interés Turístico, se celebra en la braña de Aristébano, en el límite de los concejos de Valdés y Tineo. Su acto más destacado es la Boda Vaqueira, enlace real de una pareja vaqueira, nombramiento de vaqueiros de honor y concursos de canto y baile.

Festival Intercélticu de Avilés y comarca

En Avilés, en la tercera semana del mes. Festival con música y manifestaciones culturales del mundo celta.

▌ Agosto

Festival de la Sardina

En Candás, el 1. Coincidiendo con su fiesta patronal de San Félix. Miles de sardinas son asadas en el espigón del muelle.

Descenso Internacional del Sella

El primer sábado. Al descenso van palistas de varios países, que recorren el río Sella en su último tramo, entre Arriondas y Ribadesella, donde la fiesta se acompaña con sidra, empanadas y queso de Cabrales.

Virgen de Begoña

En Gijón; la fiesta se celebra el día 15, pero aproximadamente del 9 al 18 se organizan diversas actividades, entre ellas la Feria Internacional de Muestras de Asturias. Es la Semana Grande de Gijón.

Procesión del Rosario

En Luarca, durante las fiestas de la Ascensión, el día 15. Se celebra una vistosa procesión marítima. Está declarada de Interés Turístico Nacional.

San Roquín

En Barro-Llanes, el domingo siguiente a San Roque, salvo cuando este caiga en sábado, que se deja un domingo en medio. El santo es llevado a hombros de los *sanrrocudos* a la parroquia, acompañado de un vistosísimo cortejo. Después se baila la jota llanisca y las danzas del *corri-corri,* tradicional baile asturiano.

Fiesta del Asturcón

El día 23 en la majada de Espineres, en la sierra del Sueve, en las cumbres, entre Colunga y Piloña. Con doma y marcaje de los caballos asturcones.

Descenso folclórico del río Nalón

En la 2ª quincena, en Pola de Laviana, coincidiendo con la celebración de las fiestas patronales de la Virgen de Otero. Con los participantes disfrazados, a bordo de embarcaciones construidas y guiadas por ellos mismos.

Quema de Brujas

En Barro-Llanes, el día 24. La víspera de San Bartolomé, las brujas (jóvenes ataviados con ropas viejas y multicolores) se reúnen en torno a una hoguera. Al final, se quema una gran bruja de fuegos artificiales.

Certamen del Queso de Cabrales
En Las Arenas de Cabrales, el último domingo. Reparto de bocadillos de queso y concurso entre los productores de la zona, festival folclórico y verbena. También baile del *corri-corri.*

I Septiembre
Nuestra Señora de Covadonga
El día 8, se celebra el Día de Asturias, fiesta oficial itinerante por todo el Principado.
Festival de la Huerta
En Pravia, del 5 al 9, con motivo de las fiestas de Nuestra Señora del Valle se celebra un concurso exposición de las mejores hortalizas de la zona.
Fiestas de Nuestra Señora del Portal
En Villaviciosa, del 8 al 12, fiestas patronales. En los años impares, Festival de la Manzana.
Fiestas del Santísimo Cristo de Candás
En Candás, el día 14. Tienen lugar los llamados Toros en el Mar, evento declarado de Interés Turístico, se celebra cuando la mar está baja, y así poder utilizar la playa para refugiarse de los toros en caso de peligro.
Fiestas patronales de San Mateo
En Oviedo, el día 21. Muchos países de Europa y América envían representantes a los festejos del Emigrante Astur, que se celebra dentro de esta festividad.
Romería de los Santos Mártires de Valdecuna
En Mieres, el día 27. Fiesta declarada de Interés Turístico. Romería en honor de los santos Cosme y Damián.

I Octubre
Festival de la Avellana
En Infiesto, el primer domingo. Venta de los mejores frutos secos del concejo tales como avellanas y nueces características de la zona.
Certamen de Quesos de los Picos de Europa
En Cangas de Onís, el día 12. Concurso y venta de diversos quesos.
El Desarme
En Oviedo, día 19. Festejo gastronómico con garbanzos con bacalao y espinacas y callos a la asturiana.

I Noviembre
Festival de la Castaña
En Acen (Candamo), a principios de mes, con *amaguestu*, reunión tradicional para asar castañas acompañadas con sidra dulce.
Fiesta de los Humanitarios. En Moreda, el día 11. Este es el nombre que recibían los miembros de la Cofradía de San Martín, disuelta en 1936.

TRANSPORTES

I Alquiler de automóviles

Oviedo
Avis
✉ Estación de autobuses. Avda Pepe Cosmen, s/n Local 4.
☎ 985 241 383.
🖱 www.avis.es
Europcar
✉ Estación de autobuses. Avda Pepe Cosmen, s/n.
☎ 985 245 712.
🖱 www.europcar.es
Hertz
✉ Ventura Rodríguez, 4.
☎ 985 270 824.
🖱 www.hertz.es

Gijón
Avis
✉ Plaza N. Piñole, 3.
☎ 985 354 208.
🖱 www.avis.es
Europcar
✉ Estacion de tren Renfe-Feve. Bohemia, 6.
☎ 985 165 126.
🖱 www.europcar.es
Hertz
✉ Anselmo Cifuentes, 12.
☎ 985 355 050.
🖱 www.hertz.es

Fiesta de Santa Catalina

En Barro-Llanes, el día 24. Los vecinos acuden a la Plaza Mayor el día de la santa con un kilo de castañas y con sidra que ha de ser del *duernu,* dulce y recién hecha.

I Diciembre

Día de la Fabada. En La Felguera, el primer sábado del mes. Concurso de fabadas en el que participan establecimientos y amas de casa.

Fiesta del Guirria

En San Juan de Beleño (Ponga), el día 31. El *guirria* es un personaje disfrazado que, durante ese día, está autorizado a hacer lo que le venga en gana, como manchar de ceniza a los mozos o darles golpes con un palo, y también besar a las mozas.

ESPECTÁCULOS Y DIVERSIONES

Semana de Música Religiosa de Asturias
En marzo, Coral Polifónica de Avilés. Avilés.
Festival Internacional de Música y Danza
En agosto. Avilés.
Campeonato del Mundo de Surf
La localidad asturiana de Tapia de Casariego acoge durante Semana Santa la competición de surf con más tradición de todo el litoral cantábrico: el Classic Goanna Pro (Memorial Peter Gulley). Una cita ineludible para los amantes de las olas y, también, para los que quieran disfrutar de una Semana Santa diferente junto al mar.
Encuentros de Cabueñes
En julio, cursos de teatro, radio, fotografía, etc., en los Encuentros Internacionales de Juventud, en Gijón, en el mes de octubre.
Festival de Música Antigua
En el mes de julio en Gijón.
Semana Negra de Gijón. En Gijón (primeros de julio), encuentro dedicado a la creación artística, sobre todo narrativa, basada en el género policíaco.
Festival Internacional de Cine de Gijón
Segunda quincena de noviembre.
Temporada de Ópera
En Oviedo, a partir de septiembre, en el Teatro Campoamor. Telf. 985 207 590. www.operaoviedo.com
Zoo de La Grandera (antes llamado Centro Exhibición de Fauna Autóctona). Situado en las inmediaciones de Soto de Cangas (a 4 kilómetros de Cangas de Onís). Está considerada como la más completa, en realidad la única, muestra de fauna asturiana en su medio natural.

ESPACIOS NATURALES

Parque Nacional de los Picos de Europa

Con motivo de la celebración del 12º centenario de la batalla de Covadonga, el 22 de julio de 1918 se declara Parque Nacional de la Montaña de Covadonga el macizo de Peña Santa. En 1995 fue declarado Parque Nacional todo el macizo de los Picos de Europa. A caballo entre Asturias, Cantabria y León, los Picos de Europa constituyen el macizo más espectacular de la Península. Sus parajes más conocidos son el santuario de Covadonga, los lagos de Enol y Ercina, la población de Caín, el desfiladero del Cares y el Naranjo de Bulnes o pico Urriellu. Las especies predominantes son las hayas y tres variedades de roble. Respecto a la fauna, destacan la cabra montés, el oso y el rebeco. El águila real anida en el parque, y a veces aparecen lobos en el límite de su hábitat; tambien se ven urogallos.

Cómo llegar

A unos 20 km de Cangas de Onís se encuentra Covadonga. Para entrar desde el sur a pie, hay que partir de Soto de Sajambre o por Posada de Valdeón (desfiladero de Cares). En verano hay autobuses desde Arriondas y Cangas de Onís, que llevan directamente hasta los lagos y al santuario de Covadonga. Para más información dirigirse al Centro de Recepción de Visitantes del Parque Nacional de Picos de Europa.

Parque Natural de Redes

Ocupa el territorio administrativo de los ayuntamientos de Caso y Sobrescobio, a lo largo del cauce del río Nalón y de la carretera AS 17. Se trata del espacio montañoso con el arbolado más extenso de Asturias –hayas y robles–. En cuanto a la fauna, hay presencia ocasional de osos, procedentes de las montañas leonesas, áreas estables de lobos, poblaciones de venado y rebeco y es el principal núcleo de urogallo en el oriente asturiano.

Cómo llegar

La carretera AS 17 cruza el parque desde Langreo hasta el puerto de Tarna. Desde el este la AS 254 une Infiesto y Campo de Caso. Para más información dirigirse al Centro de Interpretación de la Naturaleza del Parque Natural de Redes.

Parque Natural de Somiedo

Es una de las reservas más ricas del norte de España por su alto grado de conservación, diversidad ambiental y valor paisajístico. Ocupa el área central

INFO

Parque Nacional de los Picos de Europa. Centro de Recepción de Visitantes
- ✉ Casa Dago Avda. Covadonga, 43. Cangas de Onís.
- ☎ 985 848 614.
- 🔗 http://parque nacionalpicos europa.es

Centro de Visitantes "Pedro Pidal"
- ✉ Lagos de Covadonga (Cangas de Onís).
- ☎ 985 848 614.
- ⏱ Abre en verano, Semana Santa, puentes y festivos nacionales.

Parque Natural de Redes. Centro de Interpretación de la Naturaleza
- ✉ Campo de Caso. Caso.
- ☎ 985 608 022.
- 🔗 www.turismo asturias.es

INFO

Parque Natural de Somiedo. Centro de Interpretación

✉ Narciso Herrero Vaquero, s/n (Pola de Somiedo).

☎ 985 763 758.

🔗 https://parque naturalsomiedo. com

Oficina de Turismo de Pola de Lena

✉ Esq. del Marqués de San Feliz, 2.

☎ 985 497 608.

asturiana, entre las localidades de Teverga al este y Cangas del Narcea y Tineo al oeste.

Con su creación en junio de 1988, Somiedo fue el primer espacio declarado como Reserva por el Principado de Asturias. Los bosques cubren casi la cuarta parte de su territorio con dominio de hayas y una menor presencia de robles y especies legalmente protegidas como el acebo y el tejo. El resto de la superficie del parque corresponde a prados y pastizales donde se desarrolla una intensa actividad ganadera.

Somiedo alberga dos especies emblemáticas, el oso pardo y el urogallo, además de jabalí, venado, rebeco, lobo, zorro, gato montés, gineta, garduña, liebre de piornal, desmán ibérico, tejón y nutria. Somiedo acoge casi ciento veinte especies de aves, con especial atención a las rapaces diurnas.

Cómo llegar

El acceso más rápido se realiza por la AS 227 que va desde Cornellana a Pola de Somiedo y que une esta localidad con los otros dos núcleos de población: La Riera en la parte baja y El Puerto en la cabecera del valle. Esta carretera remonta el valle para rebasar el puerto de Somiedo en dirección a la Babia leonesa. También se puede acceder al parque por la carretera local TE 1 que une Teverga con Somiedo por el puerto de San Lorenzo.

▌ Parque Natural de las Ubiñas-La Mesa

Se ubica en los concejos de Teverga, Quirós y Lena. Es un área montañosa de fuertes contrastes, con peña Ubiña, el segundo macizo montañoso más alto de Asturias, donde se localizan los picos del Fontán y peña Ubiña, que superan los 2.400 m.

Más de un tercio de la superficie del parque está ocupada por bosques maduros, entre los que el hayedo es dominante. La calidad ambiental de estos hábitats permite que residan un elevado número de especies con el oso pardo, el urogallo cantábrico y el águila real como ejemplares más emblemáticos, mientras que existe una gran cantidad de otras especies de valor cinegético.

La cuarta parte del territorio del parque se encuentre cubierto por pastizales dedicados a la ganadería, sobre la que se basa la economía local. Entre los valores culturales del parque destaca su patrimonio arqueológico con una rica estación rupestre en los Abrigos de Fresnedo o la calzada romana del Camino Real de la Mesa.

En julio de 2012 fue declarado Reserva de la Biosfera por la Unesco.

Cómo llegar

El mejor acceso al parque es por la autopista A 66 y la carretera N 630, que comunica Oviedo con Lena, mientras que a Bárzana, puerta de entrada al área central del parque, se accede por la carretera regional AS 229.

| Parque Natural de Ponga

Ocupa el territorio del concejo de Ponga. Constituye un espacio de relieve complejo, con altitudes que llegan a los más de 2.100 m de peña Ten, mientras que el río Sella es el cauce más importante del territorio.

Posee bosques maduros, hayedos y robledales, con unos hábitats que permiten la presencia de las especies más emblemáticas de la Cordillera Cantábrica.

Los núcleos de población del parque conservan un valioso patrimonio cultural con muestras arquitectónicas propias como el hórreo *beyusucu,* de pequeño tamaño y con cubierta a dos aguas; en este territorio se elabora el queso de los Beyos.

Cómo llegar

La vía de comunicación preferente es la N 625, que discurre siguiendo el curso del río Sella para posteriormente desviarse por la AS 261 hasta Beleño. Para más información dirigirse al Centro de Recepción de Visitantes del Parque Natural de Ponga.

| Parque Natural de las Fuentes del Narcea, Degaña e Ibias

Ocupa gran parte de las montañas del sur del concejo de Cangas del Narcea. Se trata de un espacio de escaso poblamiento y acusado relieve que conserva importantes masas forestales autóctonas y que incluye en su territorio las reservas naturales de Muniellos y del Cueto de Arbás. Las localidades principales son Rengos, Degaña, Cerredo y Luiña, que tradicionalmente se han dedicado a la actividad minera. La fauna es de las de mayor riqueza de toda la Cordillera.

Cómo llegar

El acceso principal es a través de la AS 15. Desde Degaña se accede a Ibias a través del puerto de la Campa de Tormaleo. Cangas del Narcea y Villablino están conectados a través de la AS 213 por el puerto de Leitariegos.

Para más información dirigirse al Centro de Interpretación del Parque Natural de Fuentes del Narcea, Degaña e Ibias, y al Centro de Interpretación de Muniellos.

INFO

Parque Natural de Ponga.
Centro de Recepción de Visitantes
✉ San Juan de Beleño (Ponga).
☎ 985 843 113.
🖥 www.ponga.es

Parque Natural de la Fuentes del Narcea Degaña e Ibias.
Centro de Interpretación
✉ Barrio San Roque. Zarréu. Degaña.
☎ 610 588 462.
🖥 www.fuentes delnarcea.org

Centro de Interpretación de Muniellos
✉ Ctra. AS 348 La Venta-Puerto El Coniu (Oubachu).
☎ 610 581 720.
🖥 www.ayto-cnarcea.es

ALGUNAS PLAYAS DE INTERÉS

▌Cudillero

La Conchona. Próxima a Regueira. **La Gairúa.** Cerca de Santa Marina y Reguerina. **Playa del Aguilar.** Una de las más visitadas de la región. **Playa del Silencio.** Bello lugar con acceso difícil.

▌Llanes

La Ballota. En las proximidades de Andrín y Cué. **Cuevas del Mar.** En Cuevas. **Portiellu.** Pequeña y tranquila. Se llega desde Cué o desde Andrín por diversos caminos. **Portillo de San Martín.** Se accede por un camino que parte de Celorio. **Sablón.** Playa de arena en medio de la villa de Llanes. **San Antonio.** En las proximidades de Picones, localidad a la que se llega desde Nueva. **Torimbia.** Playa nudista a la que se llega desde Niembro. **Toró.** Se accede desde Cué y Llanes. **Toronda.** Acceso en coche desde Niembro. **Villanueva.** Cala de arena, muy tranquila, que se halla en los alrededores de la localidad del mismo nombre.

▌Ribadedeva

El Oso. Solo se accede en bajamar, desde la playa de La Franca. **El Vivero** y **Mendía.** Playas situadas cerca de Pimiango.

▌Tapia de Casariego

Los Campos o **Playa Grande.** Arenal grande durante la bajamar. Familiar. Surfistas. **La Paloma.** Se accede por la urbanización de La Reburdia. Para solitarios. **Serantes.** Familiar aunque peligrosa durante la bajamar. Una parte de ella es nudista. **Peñaronda.** Compartida con el concejo de Castropol, de gran valor natural.

▌Valdés

La Escaladina. Concha tranquila en donde hay una pequeña piscina natural. Se llega a pie desde Barcia. **Luarca.** Playas muy concurridas con camping cercano. **Salinas.** Playa de arena fina. **Barayo.** Clasificada como Reserva Natural Parcial, cuenta con dunas y marismas. Acceso desde la localidad de Sabugo.

▌Villaviciosa

Conejera. Al este de punta de Rodiles. **España.** Playa muy concurrida. **Misiego.** Playa de arena en la ría de Villaviciosa. **La Ñora.** Cerca de Gijón. Se llega desde Quintueles, desviándose entre Lloreda y La Esperanza. **Rodiles.** En la carretera de Villaviciosa a Colunga. Con camping. **Tazones.** Cerca del puerto de Tazones.

Índice de lugares